村岡 到 編

政権構想の探究 ①

ロゴス

まえがき

最近、ようやく「政権構想」の四文字を散見するようになった。日本共産党は一月中旬に開いた第二八回党大会の「第一決議」で当面の政治課題のなかで「政権構想」に三度触れた。また、新左翼党派の「フロント（社会主義同盟）」が使い出した。いずれもこの言葉だけで、その内実はまったく無いが、使い始めことはプラスである。

二〇一〇年前後の民主党政権の時期には「マニュフェスト」とか「アジェンダ」とかのカタカナ言葉が飛び交っていたが、今やだれも口にしない。カタカナを使わなくても、「政権構想」のほうが分かりやすい。

安倍晋三政権の腐臭は酷いと言うほかないが、なぜ「安倍一強」が許されているのか。その根底には野党の低迷がある。安倍政権に代わる新しい政権を創り出さなくてはならないが、そのためにはその新政権が内外の難問に対していかなる政策を実現しようとするのか、その「政権構想」を明示することが不可欠である。安倍政権をどんなに口汚く罵っても、一歩も前には進まない。

しかし、残念ながら、立憲民主党や共産党などが新政権誕生のために協力するようにはなったが、その「政権構想」はまだ示されていない。それどころか、どの党も自分たちの「政権構想」を発表していない。

「政権構想」というからには、収録した私の論文で一筆してあるように、外交、防衛、経済、教学育、税制、司法制度、選挙制度、農業政策、沖縄政策、社会保障、医療、国土整備などの基本政策を明らかにしなくてはならない。

非力な私たちが、それらの課題について充全に明らかにすることはとても出来ない。ただその一助になることを目指して、私たちは、昨年一一月に「政権構想探究グループ」をスタートした。このブックレットはその第一弾である。

私たちは、〈政権構想〉の内実を探り、充実したものにするための討論を強く呼びかける。この小さなブックレットがそのきっかけになることを切望する。

二〇二〇年三月一一日　東日本原発震災九年の日に

村岡　到

政権構想の探究①

目次

表紙写真：井口義友（別海）

〈政権構想〉と〈閣外協力〉／〈利潤分配制〉の提案

村岡　到

日本共産党は今年一月に開いた第二八回党大会の「第一決議」で「政権構想」を三度使うようになった。二月九日に志位和夫委員長は「小沢一郎政治塾」で「本気の共闘と日本共産党の立場」と題して講演を行い、そこで「政権構想」に二度触れた（だが、同時に「政権公約」なる聞き慣れない言葉を五度も乱発した）。

以下の本稿は、昨年八月に季刊『フラタニティ』第一五号に掲載した小論の再録である。合わせて、一九九七年に発表した「〈利潤分配制〉を獲得目標に」（『社会主義へのオルタナティブ』所収）を再録した。

これまでも〈政権構想〉の必要性についてはいくらかは言及してきた。季刊『フラタニティ』第一二号（昨年一一月）の「政局論評」でも、第一三号（今年二月）の「政局論評」でも「〈政権構想〉と〈閣外協力〉を明確に」とタイトルして明らかにした。同じテーマの再説は不細工ではあるが、改めて気づいた点もあり、その重要性とその意味について明らかにする。

まず、残念ながら〈政権構想〉の四文字はなお通常は使われていない。最近の例としては、二月二〇日に開かれた六野党・会派の書記局長・幹事会で、共産党の小池晃書記局長がダブル選挙に関連して「政権構想の議論につながる」と述べたと「赤旗」一面の記事に書いてある（二月二一日）。立憲民主党は三月二六日の常任幹事会で「政権構想委員会」を設置すると決定した。五月二二日に開かれた市民連合と野党の意見交換会で「社会保障を立て直す国民会議」の玄葉光一幹事長が「早期の総選挙にそなえ、政権構想の打ち出しが必要だ」と発言したと、「赤旗」で報道された（五月二三日）。桂協助氏が「新政権構想素案グループ」を二〇一七年に創っている。目に付くのはこれくらいである。後述するように、共産党は「政権構想」はほとんど使わない。

1 〈政権構想〉の重要性と不可欠性

私はこの間、公明党について勉強していて「政権構想」の四文字を強く再確認した。公明党は一九七三年の第一一回党大会で「中道革新連合政権構想の提言」を打ち出した(1)。共産党についてもっぱら関心を注いできた私は、共産党が一九七三年の第一二回党大会で「民主連合政府」を主張していたことは知っていた（新左翼はその主張をバカにしていた）。『民主連合政府綱領――日本共産党の提案』が一九七五年に刊行された。両党が何時その政策を発表したのかに注意すると、公明党の大会は七三年九月、共産党の大会は同年一一月であった（ついでながら、公明党はこの時、「日米安保条約の即時廃棄」と主張していた）。つまり、共産党の提案は公明党の提起の二カ月後に出された。先んじていたのは公明党だった。なお、小さなことに過ぎないが、共産党の前著では、公明党の文書のタイトルをなぜか「中道革新連合構想の提言」と「政権」の二文字を削っている（一一頁）。

すでに気づいたであろうが、共産党は「政権構想」とは言わずに、「政府綱領」という。党の「綱領」のほうを最重要と考えているからであろう。このことが尾を引いて、冒頭に書いたように、小池氏は「政権構想」と話すこともあるが、近年は志位委員長をはじめ誰も「政権構想」とは言わない。共産党を「議会主義」と断罪する新左翼は、「××政権打倒」とは叫ぶが、打倒した後の政権は何をするのか具体的に考えたことはないから、「政権構想」を思いつくことはない。

だが、まともに考えれば、現にある（自民党）政権を打倒できたとすれば、直ちに新政権を樹立することになり、そうなればその政権はどんな政策を実現しようとするのかが喫緊の課題となる。そのためには、打倒をめざす準備の過程で〈政権構想〉が不可欠に必要となる。現実の生活と政治に責任を持とうとすれば、説明の必要もなく当然である。共産党はすでに「政府綱領」の四文字は捨てている。ならば〈政権構想〉と表現するほかはない。先に、「近年は志位委員長をはじめ誰も『政権構想』とは言わない」と、「近年は」と限定したのは、実は志位氏は二〇一五年に記者会見で「国民連合政府」について説明した際に「政権構想」と語っていたからである（「赤旗」一〇月三〇日）。

次に、〈政権構想〉と表現する意味について明らかにしよう。

現実の生活と政治に責任を持とうとする姿勢を明確に表現することが、何よりも大切である。この問題意識が欠落、あるいは希薄だったことが、敗戦後の日本の左翼、特に新左翼の大きな欠陥だった。左翼は長い間、自分が関心を抱く問題についてだけ主張していた。

敗戦後七四年、六〇年安保闘争から五九年の年月が経った。この間に社会党は消滅し、新左翼諸党派も見る影もなく衰退した。共産党だけが地歩を保っているが、最近は「党勢」が後退している（別稿参照(2)）。なぜこれほどまで、左翼は停滞しているのか。深刻な反省が求められている。その原因の一つが〈政権構想〉の欠落にある。

それだけではなく、さらに決定的に重要なことは、個別の諸課題を超えて、トータルな視野で考えることを強く意識することである（「全体的視野」と言ってもよいが、「全体主義」が連想され、「総体的視野」だと「相対」と同音なので、「トータルな」とする）。人間は往々にして、自分が選んだ課題、自分が探究している領域にだけ意識を集中し、それがもっとも重要な問題だと錯覚する、視野狭窄に陥る。そして、他の課題を軽視したり無視する。「葦の髄から天井を見る」という警句は活かされていない。

だが、〈政権構想〉と明確に意識して、自分の主要な課題をその一部として位置づけることが出来れば、他の諸課題も存在すること、それらの諸課題についての認識と探究も重要であることを意識するようになる。自らの小ささと欠落を素直に認め、他者から学ぶことに意を注ぐことが容易となる。このことを明確にすべく、本誌『フラタニティ』の「刊行アピール」には「私たちは、現在の自分には大きな欠落があるという自覚から出発します」と明記してある。

本号に関連してその一例を示そう。巻頭の「編集長インタビュー」で前川喜平さんに登場していただいたので、彼の著書『面従腹背』(3)（毎日新聞出版）を一読した。私は「教育」が極めて重要な意味を持ち、政治における主要な課題の一つであることを教えられた。恥ずかしいことに、私は「教育基本法」を読んだことはなかった。確かに私は教師になったことはないから、必読文献ということはない（ごく厳密には長岡高校を卒業した年に長岡の隣の小千谷市の小学校で産休代替の臨時教師を三カ月したことがあった）。

教育は、人間の人格形成にとって極めて重要である。戦前は一八九〇年の教育勅語によって「滅私奉公」「国家への忠誠」が叩き込まれ、戦争へと駆り立てられた。

敗戦を経て一九四七年三月に憲法施行（五月三日）に先んじて帝国議会で制定された「教育基本法」は全一一条で、前文では「日本国憲法の精神に則り」と明記し、「第一条（教育の目的）」は、「教育は、人格の完成をめざし、平和的な国家及び社会の形成者として、真理と正義を愛し、個人の価値をたっとび、勤労と責任を重んじ、自主的精神に充ちた心身ともに健康な国民の育成を期して行われなければならない」であり、「第二条（教育の方針）」では「学問の自由を尊重し、実際生活に即し、自発的精神を養い、自他の敬愛と協力によつて、文化の創造と発展に貢献するように努めなければならない」と明記されていた。

自民党が憲法とともに教育基本法を嫌ったのはもっともなことである。彼らは憲法と教育基本法が一体であるとしっかり認識し、憲法改悪の前提・前段として教育基本法の改悪を狙い、二〇一六年に第三次安倍晋三政権が改悪した。

「憲法改悪反対」の声はそれなりに共通意識として広がっているが、改悪前の教育基本法がどのようなものだったのか、その改悪によって教育現場はどうなったのかについては余り知られていないのではないだろうか。共産党系の『社会科学総合辞典』（一九九二年）では「教育基本法」の説明はごく短く、次の項目「教育権」のピッタリ半分で済ましている（「日本国憲法」の説明の約六分の一）。

これほど重要なことを、私はそれほどに認識することなく、〈教学育〉が重要だなどと書いていた。[(4)] 恥ずかしさで身がすくむが、私は前川さんの著作を読んで、直ちに自らの欠落に気づき、そこも埋めなくてはと痛切に反省した。

税制についても同様である。普通の人の生活においては、収入源としての雇用や賃金とともにどのくらいの税金を支払うのかは、大問題であり、関心も高い。この課題はいずれ機会を得て、論及したい。

〈政権構想〉というからには、外交、防衛、経済、教学育、税制、司法制度、選挙制度、農業政策、沖縄政策、社会保障、医療、国土整備、など多くの分野（列記順は重要度を示すものではない）について、その基本的な方向と施策を明示しなくてはならない。とても個人や小さな組織でなし得ることではなく、広く専門的な人びとの協力を結集しなくてはならない。私たちに出来ることはその素材を提供し、欠落を意識して部分的に埋めることだけである。

2 〈閣外協力〉が不可欠

〈政権構想〉と合わせてもう一つ明確にすべき問題がある。〈閣外協力〉という考え方＝選択肢である。新しい政権を誕生させる政治状況が到来した時に、国会の首班指名ではA党の候補に投票するが、A党が主導する内閣に基本政策での不一致点があるため参加しないで、閣外からA党が主導する内閣を支持するのが、〈閣外協力〉である。

これまで、日本では〈閣外協力〉は例外的であった。一九九六年に自民党が政権に返り咲いた際に（橋本龍太郎政権）、社民党と新党さきがけが「閣外協力」したことがあっただけである。なお、スウェーデンを初めヨーロッパで比例代表制を採用している国では過半数を得る政党が存在しにくく、連合政権が多いのだが、そこでは「閣外協力」が常態化しているという。

前節で、一九七三年の公明党大会について、「政権構想」と明示した点を先駆的と高く評価したが、その裏側に欠点があった。この提起から二〇年後一九九三年に積年の自民党政権に代わって細川護熙連立政権が誕生した時に、公明党は新政権の誕生に協力しただけではなく、入閣した。入閣を視野に入れていたために、公明党は八一年の第一九回党大会で安保政策を「日米安保是認」「自衛隊合憲」へと転換し、七〇年代末までは掲げていた「日米安保条約の即時廃棄」の旗を降ろしていた。もし、この時に「閣外協力」という選択肢を選ぶことが出来れば、この旗を降ろすことなく、新政権の誕生に協力できたのである。

〈閣外協力〉の利点は、国会でキャスティング・ボートを握る位置に立った場合に、最悪の政党の首班候補と次善の候補が争う時に迷うことなく次善の候補に投票できる。頑なに自分の党も立候補して、最悪の首班候補の勝利に「加担」する愚を避けることが出来る。

現在の政治状況に戻ろう。

現実には、残念ながら日本市民の多くは資本主義経済を肯定し、日米安保条約を受容している。野党第一党である立憲民主党は、この意識の上に組織され活動している。自民党が分裂する事態が絶対に想定できないわけではないが、その想定を外して考えれば、自民党主導政権に代わる政権は立憲民主党を中心とした政権が現実的である。立憲民主党が衆議院で過半数を占めることが出来ないならば、他の政党からの支持が必要となる。立憲民主党が主導する政権を支持して入閣まですることになると、その政党は資本制経済の廃棄とか、日米安保条約廃絶と主張することは出来なくなる。閣内不一致を生じるからである。その政党は、「資本主義経済の廃棄」や「日米安保条約廃絶」の旗を降ろすしかない。しかし、それではその党の独自の主張・立場を喪失することになる可能性が高い。これらの社会主義志向の旗を降ろすのなら、立憲民主党に合流すればよい。その右転落を避けるにはどうしたら良いのか。〈閣外協力〉こそが活路である。これなら、独自の主張を貫きながら、立憲民主党が主導する政権の誕生に協力することが出来る。

3 〈利潤分配制〉とは何なのか

〈利潤分配制〉と聞いても、私と同世代の者にとっては「一体それは何だ?」ということになるだろうし、経験ある世代で知識のある者は「右翼社民」の二番煎じかと反発するかもしれない。英語ではProfit-sharingというこの言葉を、私が知ったのは、広西元信さんから問題の書『資本論の誤訳』（青友社、一九六六年）を戴いて読んだ一九九二年である。試みに『広辞苑』を引くと、この言葉は項目には立てられていないが、「利潤」のなかに「利潤分配制度」が出てくる。「資本家が労働者に定額賃金のほかに、利潤の一部を支給する制度」と説明してある。日本共産党系の『社会科学総合辞典』では「利潤分配制度」の項目があり、「労働者を利潤分配に参加させようとする労資協調主義的な『経営参加制度』の古典的一形態。今日ではほとんど活用されない。今日の『従業員持ち株制度』とは異なる」などと説明してある。最後の点について、その理由を補足すると、利潤分配制では株式を購入・所有するか否かにかかわりなく、その企業の労働者であることを根拠に利潤の分配を受けるからである。

どのようにして、どのような基準で、いかなるシステムによって「利潤を分配」するのか。辞典にそこまで求めるのは無理である。左翼的世界では「改良主義」の一形態と非難され、死語になっているくらいだから、左翼的類書のなかでは具体的内実について説いたものはない。

〈利潤分配制〉が日本に伝わったのは、ロシア革命前からのようである。石井通則『利潤分配制度の解説』によれば、「利潤分配の概念は産業革命の発生とともに認識され」、一七七五年にこの構想を述べた人がいるが、一般にはフランスで一八四二年に創設された家屋装飾業ルクレールの社主ルクレールが「利潤分配制度の父」と言われている。(5) 以後、ヨーロッパ大陸のほとんどの国で規模の大小は別にして広がったが、とくにイギリスとアメリカで広く普及した。一八八九年にはパリで「国際組合会議 Internationa Coope.ati.e Comgress」が開催され、「利潤分配制度」について、①労資の規約、②分配方法の事前決定、③利潤額を基準に、④必ず利潤の一部から、

という四条件をあげて、定義した。(6)

〈利潤分配制〉を〈社会主義〉との関連で位置づけ重視したのは、マルクスの同時代人で「イギリスのプルードン」と言われたＪ・Ｓ・ミルである。ミルは「industria partnership＝産業参加制度」と書いているが、内容的には「利潤分配制」のことである。(7)ミルの場合には「利潤分配制」は「アソシエーション」の一種として「社会主義」の経済的内実として理解されていた。

ロシア革命の勝利が資本主義世界に大いに脅威を与えていた一九二〇年代に、ドイツで労働運動のなかから「経済民主主義」が問題にされるようになった。フィリッツ・ナフタリが一九二八年に編集した『経済民主主義』がこの考え方を整理し、以後、ドイツにおけるこの考え方の基礎的文献となった。「経済民主主義」はドイツ社会民主党の公的見解として採用され、その一つとして「利潤分配制度」も位置づけられた。

4　日本における〈利潤分配制〉の流入

遅れて資本主義に到達した日本では〈利潤分配制〉はどのように伝えられたのだろうか。ロシア革命の二年後一九一九年（大正八年）に、林癸未夫が『利潤分配制度』と題する小冊子を発行した。林は早稲田大学の教授で人道主義の立場に立っており、「労働運動に国境なし」という言葉は空語ではないという考えで、ヨーロッパの進んだ労働事情を紹介することに意義を見出している。「被用者を労働力の売主ではなく、労務を出資する協力者」[8]として位置づけよと提言している。大正時代にこの制度を採用した会社が四二あったと報告されている。

一九二九年にはベルギーのE・ワックスウエールの大冊『利益分配論』（原著は一九世紀末に刊行？）が、ブリュッセル大学に留学して彼に師事した足立北鴎（読売新聞主幹）によって翻訳された。「はしがき」で「資本家と労働者の双利共益の妙法」と紹介している。三〇年には『利潤分配制度の概要』（協調社）が発行されたという（未見）。

さらに、敗戦後に片山哲を首班とする社会党の政府が短期間できたが、そのとき、一九四八年に「利潤分配制度促進法案」が国会に提出されたことがある。「利潤分配制度」を採用した企業にたいしてその税金を免除することによって、「利潤分配制度」を促進しようとするものだったが、片山政府が間もなく退陣したので陽の目をみなかった。当時は「利潤分配制度」がジャーナリズムでも取り上げられていた。一九五二年には前記の『利潤分配制度の解説』が発行された。筆者は経済安定本部の労働局室長で、自著をこの問題の解説書としては「嚆矢」であると称している。同書には流産した前記の法案も収録されている。広西さん（当時、自由人クラブ事務局長）が書いたパンフレット『利潤分配制度の概要』が発行されたのが五四年である。日本生産性本部が五七年に出した『生産性と労使協議制』でも「利潤分配制度」に一言触れている。[9]

5　なぜ無視されてきたのか

〈利潤分配制〉が、左翼やマルクス主義のなかでほとんど問題になることなく忘れられているのはなぜなのだろうか。このように問題を立てるのは、既出のアイデアを新しく普及させるためには、以前にはなぜ受け入れられなかったのかを知らなくてはならないからである。

マルクス主義のなかで〈利潤分配制〉が無視されてきた理由の第一は、マルクスその人がこの言葉をほとんど使わなかったことにある。広西さんによると、マルクスは数回はこの事実に言及したことはあるということであるが、いずれも否定的な文脈で批判の対象にしたにすぎない。ただ、一八八〇年の「労働者へのアンケート」では質問項目にあげているから肯定しているとも理解できるが、九九項目のなかで最後から二番目に一言だけ出てくるにすぎず、積極的に論じているわけではない。だから、この言葉はマルクス主義の基本用語にならなかったのである。なお、日本語の全集では「利潤参加制度」[10]と訳され、「パートナーシップ」とルビが付けられている。

他方、ミルは「利潤分配制」を、一八四八年に刊行した主著『経済学原理』でも死後に公表された未完の「社会主義論集」でも重要なものとして論じている。ミルがどのような意味で「利潤分配制」を提起していたのかを見ることは、マルクスがなぜそれに反発したのかを知ることにもなるので、ここでミルの理解を確かめておこう。杉原四郎氏が「J・S・ミルと利潤分配制」で明らかにしている。

ミルは『経済学原理』の第二編「分配論」の第一章の結論として、「これから先しばらくの間、経済学者が取り扱うべき主な問題は、私有財産制と個人の競争とに基づく社会の存続発展の諸条件という問題であり、また主な目標は、人間の進歩の現段階においては、私有財産制を転覆せず、それを改良して、この制度の恩恵に社会の全員に十分に参与させることである」[11]と明らかにした。杉原氏がいうように、「ミルは、革命によって一挙に制度を転換するのではなく、改良によって現行の制度の不平等・不公正を解消する道」を提示している。[12]そして、その「改良」の手段として「利潤分配制」が有効であると提起した。

偶然にも『経済学原理』が刊行された月に『共産党宣言』が発表された。そこでは「まずもって政治権力を獲得する」[13]ことや「ブルジョアジーの暴力的打倒」が提起されていた。上記のミルの一文は大きな改訂のある一八五二年の第三版に書かれたものであるが、いずれにしても両者の志向性の相違は明確である。革命をこそ主張する者にとっては、「革命ではなくて改良を」という主張に強い印象を受け、反発することになる。杉原氏が注意しているように、「ミルはこの労資関係の二面性・二者闘争性〔雇傭者と被傭者、支配者と被支配者という関係〕を決して看過していない。いないからこそ、利潤分配制は社会の発展の中で決して永続しうるものではなく、一定の役割をはたせば労働者のみの共同組織に吸収されてしまうにちがいないと展望している」[14]のであるが、本人もこの点を強調しているわけではないから、この面は無視される。

〈利潤分配制〉が無視されてきた理由の第二は、一九一七年にロシア革命がボリシェヴィキ党の主導によって勝利したことにある。第一次世界大戦にさいして愛国主義に転落した第二インターナショナルを厳しく弾劾した、レーニンが率いるボリシェヴィキ党によって武装蜂起を通路とする社会主義（をめざす）革命が勝利したことは、他の国では革命が勝利しなかったことによって、マルクス主義の正しい解釈権がレーニンのボリシェヴィキ党によって独占的に主張されることを許すことになった。「利潤分配制」などを通過しなくても革命の勝利は実現したわけだから、そんなものを視野に入れる必要はまったくないと考えられたのも無理はない。さらに逆の方向からも風は吹いてきた。

ロシア革命の勝利によって、それへの対応として、資本主義体制を擁護する側から労資対立を緩和して階級協調を図る動きが顕在化してきた。その一環として採用されたのが、「経営民主化」の方策であり、その一つが「利潤分配制」であった。この事情が、〈利潤分配制〉が無視されてきた第三の理由である。敵の側からの懐柔策と理解・反発された。前述のように、一九一九年の一月蜂起の敗北のあとにさらに「社会民主主義路線」を強めたドイツ社会民主党は、「経済民主主義」を公式の路線として採用することになった。その前に左の路線を選択したスパルタクス・

ブントはコミンテルンに合流した。このことも、左派が「利潤分配制」に反発する要因となった。

時は経ち、一九六〇年代に入ると、正統派のなかでもヨーロッパの諸共産党において「経済民主主義」が肯定的に主張されるようになった。『大月経済学辞典』の「経営民主化」の項目で、角谷登志雄氏は、戦前の「〈経済民主主義〉は……小ブルジョア的改良主義の一種である」と説明したうえで、六〇年代以降は「右翼社会民主主義者や改良主義者たちによって唱えられた、資本の側からの〈民主化〉とはまったく異なった新しい意義と内容が与えられ」た、と評価を変えている。(15) この変化の背景には、一九五六年のソ連邦共産党第二〇回大会でのフルシチョフ書記長による「社会主義への平和的移行」の容認が存在する。その後、それまで「改良主義」として蔑まされていた諸政策が「民主的規制」などの新しい言葉によって合理化され正当化された。だが、この反省と再考のさいにも「利潤分配制」は禁句リストから外されなかった。

日本の場合で言えば、前述のように、第二次世界大戦の戦後の混乱期に「利潤分配制」を提案する動向があったが、その主張は、明確に資本主義擁護の立場からのものであった。広西さんは『利潤分配制度の概要』で「利潤分配制の目的は、資本家的意図の上に立って労使の関係を調整することである」と明らかにしている。当時の階級闘争を背景に、「共産党と総評」を「ゼネストと革命を指向する極左的指導(16)」と決めつけたうえで、それとの対決を意図して提案された。

ただここで留意すべきことは、広西さんの場合には、単純に資本主義を擁護しているだけではないという点である。広西さんは「労使の協力制度」には「①経営への参加、②資本への参加、③残余財産分配への参加、④利益への参加」の四つがあると分類したうえで、最後の「利潤分配制」は「その意義と発展の方向とを〔前三者とは〕質的に異にするものである」と明らかにしている、だからこそ、広西さんは一九六六年に著した『資本論の誤訳』では「利潤分配制の実現は社会主義である」と強調するようになる。

「利潤分配制」への悪評は正統派の世界に限らず広く浸透していた。だから、一九六〇年代から浮上してきた「労働者自主管理」論のなかでも、「利潤分配制」は問題にされなかった。例えば、井上雅雄氏の『日本の労働者自主管理』では、ミルの『経済学原理』を参照文献にあげているにもかかわらず、「利潤分配制」には触れていない。[17] このように、「利潤分配制」は幾重にも不利な事情が重なって、それが本来は有している意義が明確に引き出されることが延引されてきた。

6　〈利潤分配制〉実現のプロセスとその意義

第一に、〈利潤分配制〉の核心的要点は、その企業に働く労働者にたいして、そこで働いていることだけを根拠にして、資本家の利潤を分配する点にある。そこに賃上げ闘争との質的な相違がある。すでに触れたように、類似と思われているものに、従業員持ち株制度があるが、これは労働者がその企業の株を買うのであり、その配当を受けるのは現行法でも当然のことであって、労働者と資本家との関係には何の質的変化ももたらさない。

「資本家の利潤を分配する」方式、程度については種々の形態が考えられる。一年に一度か毎月か、個人への現金支払いか福祉制度への出資か、利潤の何パーセントにするか、――これらの具体的中身は労資の力関係によるだろう。いずれにしても、労働者の主体的なイニシアティブによらなければ、実現されることはない。

第二に、〈利潤分配制〉の実現のプロセスを具体的に考えると、この制度は全国的に一斉に行う必要はまったくなく、個別の企業ごとに実現が可能だというところに特徴がある。実現のプロセスが漸進的であることについては、「暴力革命」による一挙的転覆なるものを夢想する者には我慢がならないことかも知れないが、「もし、今日あるがままの社会の中に、無階級社会のための物質的生産諸条件とそれに対応した交通諸関係とが隠されているのを見つけられないならば、どんな爆破の試みもすべてドン・キホーテ的愚行になるだろう(18)」といさめる賢人に学ぼうとする多くの労働者にとっては不都合ではない．この引用はマルクスの『経済学批判要綱』からであるが、〈革命の漸進性〉あるいは〈内的発展性〉を重視する考え方が示されている。

第三に、〈利潤分配制〉の要求と実現のプロセスにおいては、〈情報の公開〉と〈経営能力〉がきわめて重要な前提となる。企業の経理の公開なくしては、その企業の資本家がどのくらい利潤をあげているのか分からないからである。同時に、その公開された経営資料を理解する能力が労働者の側に必要になる。小さな煙草屋の経理ならとくに経営学の知識はいらないだろうが、巨大企業の経理の全容を掌握するのは資本家側にしても並大抵のことではない。したがって、〈利潤分配制〉を要求する闘いのなかで、労働者は企業、ひいては経済を運営する能力をわがものとして形成することを不可欠の課題として引き受けることになる。この課題は、政治的側面の考察は本稿の範囲外であるが、そこで求められる〈統治能力の形成〉と一体のものである。社会主義経済の実現にとっての〈情報の公開〉(19)の重要性についてはくどいほど強調しているので本稿では論述しない。

第四に、いうまでもないが、〈利潤分配制〉の要求と実現のためには、その主体が必要である。というよりは、労働者の自主的要求として〈利潤分配制〉は意識され・要求され、実現される。問題は、その主体の性格と構造である。

〈利潤分配制〉の原理的根拠が前記のように「そこで働いていること」にある以上、この要求主体には、その企業の全ての労働者が等しく参加資格を有しているとしなければならない。正社員、臨時工、パートなどの差別的分断は出発点において克服される必要がある（ただし勤続年数は考慮されるであろう）。この要求主体をどう名付けるかは、これまでの〈利潤分配制〉関連の著作には書かれていないようであるが、仮に〈労働者協議会〉でもよい。〈労働者協議会〉と資本家とは、交渉・協議する場＝機関を創設・常置する。

以上のように、出発点においては、労資関係を前提にして、資本家の利潤を認めるにもかかわらず、その要求が徹底して実現されると、生産手段の私的所有を根拠とする、資本家による利潤の独占が打破され、労資関係そのものが質的変化をこうむることになる。仮に、資本家の「所得」が平均的労働者と同等の水準にまで引き下げられたり、さらには次年度の生産計画についてまで、〈労働者協議会〉との交渉によって決定する――生産の労働者自主管理とこの点で密接にリンクする――ことになれば、資本家は生産手段を私的所有している意味を充全には見いだせなくなり、そのことは〈生産手段の私的所有の揚棄〉への重要な要因になるであろう、まさに、この点に〈利潤分配制〉の画期的意義がある。このような発展の力学は、賃上げ闘争によっては生じることがない。その意味においても、〈利潤分配制〉の要求とその実現はきわめて革命的といえるのである。

したがって、〈利潤分配制〉は、〈社会主義への経済的接近〉[20]の主要形態であり、その全般的実現は、〈社会主義革命〉の実現にほかならない。この革命の勝利によって、〈社会主義への過渡期〉が切り開かれる。これまで、このことに気づかず、「利潤分配制」を「改良主義」の一形態と非難してきたのは大きな誤りであり、その反省にふまえた〈利潤分配制〉の定位は、マルクスの限界をも超えて社会主義像を豊かに再興する重要な一環であり、混迷する労働運動に社会主義への闘いとの媒介環を示すことでもある。

本稿は紙数の都合にもより既出の二つの論文を合わせて発表することにした。テーマは異なるが、密接に関連している。そこには、社会主義を強く志向する意図が貫かれている。人の優しさを基礎として育まれる〈友愛〉を心に、私はこの道を歩み続けたい。

〈参照文献〉

『社会科学総合辞典』新日本出版社、一九九二年。
『広辞苑』岩波書店、一九八三年。
『大月　経済学辞典』大月書店、一九七九年。
広西元信『資本論の誤訳』青友社、一九六六年。

〈注〉

(1) 公明党史編纂委員会『公明党50年の歩み』公明党機関紙委員会、二〇一四年、一一九頁。
(2) 村岡到『共産党、政党助成金を活かし飛躍を』（ロゴス、二〇一八年）など参照。今年一月の第二八回党大会については、「党勢の後退を打破できるか」（季刊『フラタニティ』第一七号＝二〇二〇年二月）参照。
(3) 「編集長インタビュー」前川喜平：季刊『フラタニティ』第一五号＝二〇一九年八月。
(4) 村岡到「教学育の悲惨な現状」：季刊『フラタニティ』第六号＝二〇一七年五月。
(5) 石井通則『利潤分配制度の解説』一九五二年、青山書院、八頁、三〇頁。
(6) 林癸未夫『利潤分配制度』一九一九年、人道社、七頁～九頁。
(7) 杉原四郎「J・S・ミルと利潤分配制」『カオスとロゴス』第四号＝一九九六年二月、参照。

（8）林癸未夫前出、三八頁。
（9）日本生産性本部『生産性と労使協議制』一九五七年、一五頁。
⑽マルクス「労働者へのアンケート」『マルクス・エンゲルス全集』大月書店、第一九巻、二三三頁。

⑾J・S・ミル『経済学原理』、注⑺杉原四郎論文より重引、一三六頁。

⑿注⑺杉原四郎論文、一三六頁。

⒀マルクス『共産党宣言』『マルクス・エンゲルス全集』第四巻、四九三頁、四八六頁。この考え方の誤りについては、一九九七年に「『まず政治権力の獲得』論の陥穽」（『連帯社会主義への政治理論』五月書房、二〇〇一年、に収録）で批判した。

⒁注⑺杉原四郎論文、一四六頁。

⒂角谷登志雄『経済学辞典』（大月書店）の「経営民主化」の項目、一九九頁。

⒃広西元信「利潤分配制度の概要」自由人クラブ、一九五四年、五頁、一頁、三頁。

⒄井上雅雄『日本の労働者自主管理』東京大学出版会、一九九一年、二一頁。

⒅マルクス『経済学批判要綱』高木幸二郎訳、第一分冊、八〇頁。道盛誠一氏は、「マルクスにおける二つのアソシエーション」（『三田学会雑誌』一九八一年〈三号、四号〉でこの警句を引いたうえで、〈アソシエーショニスト・マルクス〉という言葉でマルクスを形容・特徴づけた。

⒆私は、社会主義経済計算論争の検討をとおして、「情報の公開」の重要性を強調している。村岡到編『原典・社会主義経済計算論争』（一九九六年、ロゴス）「編者解説」参照。

⒇注⒀の「『まず政治権力の獲得』論の陥穽」参照。近年は、〈社会主義への政経文接近〉とし

て提起している（季刊『フラタニティ』第七号＝二〇一七年八月。『創共協定」とは何だったのか』社会評論社、二〇一七年に収録）参照。

〈元論文発表時の追記〉

私は「〈利潤分配制〉の検討を――過渡的改革の経済的主柱」を書き（「稲妻」第二二五号＝一九九三年三月）、さらに「個々人的占有の創造」（『現代と展望』第三五号＝一九九三年五月）で論及した。本稿については、広西元信さんから数冊の関連書籍を貸与していただいた。また、広西さんは「仙人通信」で私の論文について、何度も好意的に批評・批判した。

〈本書収録時の追記〉

1　〈利潤分配制〉についての旧稿の本書への再録に際して、紙数の都合で「五〔7〕〈利潤分配制〉再浮上の可能性」を省いた。また、利潤分配される対象者について、「権理や条件の改善は闘いによって主体的に獲得するべきである」ことを根拠にして、この制度の成立に努力した者に限定するとしていたが、その部分を削除した。

2　武田信照『ミル・マルクス・現代』（ロゴス、二〇一七年）をぜひ学んでほしい。

3　世界各地で不気味に広がっている新型コロナウイルス＝COVID19が日本経済にも深刻な影響を生みつつあるが、低所得者などに対して、今こそ〈被災生存権所得〉を新設しなくてはならない。私は、二〇一一年の3・11東日本原発震災の直後に刊行した編著『ベーシックインカムの可能性』（ロゴス、二〇一一年）の巻頭で「〈被災生存権所得〉の新設を」を提起した。

「対米従属」からの脱却を外交政策の軸に

孫崎　享

本日は、「〈対米従属〉からの脱却を外交政策の軸に」をテーマにお話しします。そのためには、世間では常識となっているいくつかの認識が根本から事実とは違う虚偽であることを明らかにしたいと思います。

1　「アメリカは日本を守ってくれる」のか

日本の外交を考えると、ほとんどの人が日米関係が機軸であると言います。では、なぜ日米関係が機軸であるかと聞くと、「日本はアメリカに守ってもらっている」と答えます。だから少々お金がかかっても、農産物を買ったり、高額の兵器を買うことも仕方ないと思っています。

しかし、アメリカに守ってもらっているということは完全に虚構なのです。日本は敗戦によって「ポツダム宣言」（一九四五年七月に米英中が日本に対し降伏を求める文書）を広島・長崎への原爆投下、ソ連の宣戦布告の後に受諾しました。「ポツダム宣言」には日本がしっかりした政権を持つようになれば、外国軍は撤退すると書いてあります。世界には様々な国がありますが、外国軍で自分の国を守ってもらっているという国はほとんどないのです。

ところが、米ソの冷戦が激化してきた中で、米軍は日本に居残ることを決めました。最初に日米安保条約が一九五一年に結ばれた時には、ダレス国務長官は『フォーリン・アフェアーズ』というアメリカで一番の雑誌で「我々は日本防衛の義務は負っていない」と書いたのです。そういう前提で日米関係を築いたわけです。

一九六〇年に安保条約が改定され、新安保条約となりました。新安保条約の第五条には、「日本の領域に外国が侵入してきたり、あるいは攻撃してきたときには、日本、アメリカは各々、自分への攻撃ととらえて、それぞれの国の憲法に従って行動を取る」と書いてあります。

この条文を日本の国民は、アメリカが軍事的に日本を守ると解釈しました。しかし、この解釈は「それぞれの国の憲法に従って行動を取る」という文言を見落とした解釈です。「それぞれの国の憲法」というのですから、アメリカの憲法がどうなっているかが急所です。アメリカの憲法を読めば、戦争を行う権限は大統領にはありません。議会です。ということは、新安保条約でアメリカが約束したのは、アメリカ議会が承認したら日本防衛のための戦争に出ますということです。このことは、一九七二年にアメリカと中国との和解を実現した、キッシンジャー国務長官が明らかにしています。ウィリアム・バー編『キッシンジャー最高機密会話録』（毎日新聞社、一九九九年）によると、キッシンジャーは北京を訪問して周恩来首相に、中国と日本が戦争をしたときに、アメリカの軍が日本側につくことがあるかもしれない、しかしそれは安保条約による義務としてではなく、我々の利益であると判断したときにである、と説明しています。つまり日米安保条約上、アメリカが日本を守るというものではないのです。

にも拘らず、いつの間にか、日米安保条約によってアメリカが日本を守るということが「常識」になってしまったのです。それで、たとえば尖閣諸島の問題があったとしても、安保条約の対象になるから米軍が出動すると思ってしまったのです。尖閣諸島が安保条約の対象になる、そこまでは良いのです。しかし、後段の米軍が出動するということは全く別問題です。これが国際法上の常識です。国際法上の常識という次元と合わせて現実の実態を直視する必要があります。

2　ミサイル迎撃は可能か？

「ランド研究所の報告」なるものがあります。ランド研究所は、カリフォルニアに本部があるアメリカの軍の研究所です。オランダ、イギリス、ドイツにも拠点があります。軍の研究所として、最高の研究所です。その「ランド研究所の報告」に「アジアにおける米軍基地に対する中国の攻撃」について次のように書いているのです。「中国は、米空軍基地を攻撃する一二〇〇の短距離弾道ミサイルと中距離弾道ミサイル、巡航ミサイルを保有している。ミサイルの命中精度も向上している。台湾における（実際上は尖閣諸島です）、嘉手納空軍基地への攻撃に焦点を据えている。台湾危機を想定した場合、嘉手納基地は燃料補給路を必要としない基地です。台湾周辺（尖閣諸島）における米中の軍事バランス、台湾周辺、尖閣諸島にしても、一九九五年には米軍が圧倒的に優位、二〇一〇年にほぼ均衡、二〇一七年に中国が優位になる」というのです。

二つのことが重要です。まずはミサイル攻撃の問題です。在日米軍基地が日本にあります。そこにF15とか様ざまな戦闘機があったとしても、滑走路を壊してしまえば、戦闘機は飛べないのです。その滑走路を壊わすミサイル攻撃を阻止することは軍事技術上まず不可能なのです。ということで、尖閣諸島、台湾方面で、米中が戦ったときには今や中国が有利なのです。

もう一つは、中国の軍事力が、極東という地域に限定してみますと、アメリカを超えるという点です。

これらのことをアメリカの首脳たちは皆わかっています。分かっていないのは日本人だけです。なぜならば、こういうことをほとんど議論しないからです。

米軍が駄目なら、日本がやれば良い、という議論もあります。これも現実的ではありません。仮にどこかの国（中国、北朝鮮、ロシアのいずれでもいいのですが）がミサイルで日本を攻撃するときに、そのミサイルがどこに着弾するか分からないのです。どこに着弾するかわからないものが、秒速二〇〇〇メートルから三〇〇〇メートルのスピードで落ちてきますから、これを迎撃することはありえないのです。中国であれ、ロシアであれ、飛行場を攻撃すれば、いかに優秀なF35でも、そんなもの何にも役に立たない。つまり、軍事力で防衛できないのです。その実例がごく最近、起きました。サウジアラビアは世界で最強の空軍力と最強の軍事態勢を敷いていると言われていますが、そのサウジアラビアに一機の無人機が攻撃したら、石油施設は完全に駄目になりました。さらにイランは米軍による革命防衛隊の司令官が殺害されたのに対抗して、イラクにある米軍基地にミサイル攻撃をしました。この攻撃は数時間前から米軍に分かっていましたが、米軍は何らなす術がなく、軍隊はバンカーに隠れて攻撃が去るのを待つだけでした。今の時代、軍事力でもって自分の国を守ることは出来ないのです。たとえば、ロシアとアメリカ、アメリカと中国、こういう関係においても、相手の国が核兵器を搭載して、攻撃を行ったときには、アメリカは、防衛手段がないのです。それが一番重要なポイントです。

現実には、横須賀に米艦隊がいますけど、あれが日本を守っているわけではないということはすぐに分かると思います。佐世保もそうです。沖縄の海兵隊も、沖縄にいる時間は一年の三分の一ぐらいで、普段はインド洋から中東に出掛けています。日本を守るためではありません。

第二の中国の軍事力がアメリカを超えるという点についてはどうでしょうか。

3　アメリカを超える中国

書店に行くと、中国は冒険主義的な国とか、あるいはすぐにつぶれるか、両極端の本がたくさん出ています。経済力では、もはや中国がアメリカを抜いたと思って良いと思います。皆さんはどう思っていますか？　中国が今、アメリカの経済力を抜いたと、それはある程度信頼できるものであるという意見を見たことのある人が居ますか？　そういう情報は日本ではほとんど出てきません。

ところがアメリカのＣＩＡがそう言っているのです。世界最大の諜報機関であるＣＩＡが出している『ワールド・ファクトブック』というのがあります。その中に「ガイド・トゥー・ワールド・コンパリソン」という、各国の経済力を比較するガイドがあります。そこでＧＤＰの比較をやっています。このＧＤＰの比較では、購買力平価ベースでやっています。ここが非常に重要なところです。ＧＤＰの比較は通常、為替レートでやっているのです。それが、私たちの知っている、ＧＤＰの比較なのです。しかし、通貨というものは、その国の経済力が強い、安定していると思われると、高く評価されます。或る国の政情が経済と関係なく若干不安定だとか、あるいは発展途上国だと見られる国の通貨は弱い、ということになります。ですから、為替レートでＧＤ

Pを比較すると、実態にそった正確な国の比較にはならないのです。そこで、別な基準で考える必要が生まれます。例えば、コカコーラがいくら買えるのかを基準にして考えようということになります。これを、「購買力平価ベース」と言います。購買力平価とは、ある国である価格で買える商品が他国ならいくらで買えるかを示す交換レートです。

この購買力平価ベースで見てみますと、中国が二三・二兆ドル、米国は一九・五兆ドル、インドが九・五兆ドル、日本が五・四兆ドル、ドイツが四・二兆ドル、ロシアが四・〇兆ドル、インドネシアが三・三兆ドル、ブラジルが三・二兆ドル、英国が二・九兆ドル、フランスが二・九兆ドルとなります。この数字を見ると、まず中国が二三・二兆ドル、米国は一九・五兆ドル、ということで中国の方が上になっているのです。私たちの普通のイメージではアメリカ、日本、ドイツ、そしてイギリス、フランス、などG7が世界を動かしているとされています。

ところが、CIAの『ワールド・ファクトブック』によれば、生産力はG7のほうが少ないのです。G7ではない発展途上国のほうが上位に入っているのです。そういう時代に入っています。

このように明らかにすると、そういうような数字は出ているかもしれないけど、産業技術の比較では、やはりアメリカの方が技術が上である。だから、アメリカが真剣に対応すれば、中国なんかは吹っ飛ぶだろうと、多くの人が思っているわけです。

しかし、この点でも現実は大きく変化しています。通信設備がものすごい勢いで変化しています。この通信設備、通信の量とそれから速度、これがすごい勢いです。中国のハーウェイの進出が示しています。産業界はありとあらゆるものが大変革する時代に入ってくるわけです。

たとえば一番簡単なことは、自動車の無人・自動運転の可能性が生まれています。今はとてもできませんが、すべての情報がセンターに行き、そのセンターから指令が出てくるということで、「5G」の時代には自動運転ができると予測されています。それから医療も遠隔のロボット操作によって診察ができる、あるいは建築もロボットで可能だということになりつつあります。様ざまな形で、この通信設備の新しいもので変革が起こると言われています。

「5G」のパテント申請の数を比較すると、一番はハーウェイ（中国）が二一六〇です。次にフィンランドのノキアが一五一六です。ZTE（中国）が一四二四、LG（韓国）が一三五九、サムソン（韓国）が一三五三、スウェーデンのエリクソンが一〇五八、クアルコム（米国）が九二一、シャープ（日本）が六六〇、インテルが六一八、そしてCATT（中国）が五五二となっています。つまり、「5G」においてはアメリカの技術は負けたのです。もう勝負はついてしまったのです。かろうじて西側では、フィンランドのノキアとエリクソンが中国に対抗できるだけです。

そこで、今、米中関係では様ざまなことが起こっています。このような状況でもって、アメリカは中国をつぶしたいということで、このハーウェイの技術をどうすることもできないから、世界中の主要国に対してハーウェイの技術を使うなと主張している、ハーウェイやZTEを使うな、使うのなら、エリクソンやノキアを使うようにと対応しています。「5G」に移行しているオーストラリアとニュージーランド、そして日本はハーウェイを使わない、政府調達で使わないと約束しています。日本の政府は民間企業にも使うなという指示し、ほとんどの民間企業も政府に準ずる形をとっています。

イギリスやドイツやフランスでは、経済界はそういう訳にいかないと対応しています。その理由は、特にヨーロッパでは、仮にドイツが使わなくても、ハンガリーとか、ポルトガルとか他の発展途上国がハーウェイやZTEを使うことになれば、通信ですから、自分たちが不利になってしまうからです。ヨーロッパ単位の競争力を考えれば、中国の製品を輸入・活用する国が出てくるのです。技術水準が高いハーウェイを入れないというわけには行かないのです。だから、EU諸国はハーウェイを排除するとは決定しなかったわけです。

ということは、東南アジアでもヨーロッパでもハーウェイ、つまり中国が先頭を切るということです。「5G」においては中国が先頭に立つことになります。逆にいえば、日本が一番遅れてしまうのです。通信設備がすべての工業技術を牽引し、変えてゆきますから、ここで遅れるということは、日本の社会というものが東南アジア、あるいはヨーロッパよりもはるかに遅れるような時代になってくるのです。「アメリカに依存し、アメリカに言われることをそのまま実施していれば、日本の繁栄がある」という時代は終わったのです。

4　平和外交こそが国家を守る

では、日本の安全をいったいどうして守ったらいいのか、が問題となります。すぐに出てくる答えは「防衛力の維持」です。「集団的自衛権」が必要だという議論になります。しかし、ここで考えなくてはいけない問題があります。逆に考えると、日本が集団的自衛権ということで、アメリカに与するほうがいっそう危険は増すのです。そういうものに与することをしないとなれば、日本を攻撃する国は世界のどこにもありません。中南米にも、アメリカ大陸にもない、ヨーロッパもない、中近東もない、結局、攻撃する可能性があるのは、ロシアと中国と北朝鮮だけです。この三国との間で、どのような形で、攻撃されないか、戦争しないような状況を作り出すかということを考えるべきです。

先ず、北朝鮮。一番、攻撃しそうな国といわれるのは北朝鮮ですから、北朝鮮のことを考えてみます。先ず一番重要なことは、今日、北朝鮮は日本を攻撃していません。攻撃することよりも、攻撃しないことが国のためになるから攻撃していないのです。で、北朝鮮は次のように言明しています。

理論的に説明したいと思います。この点を明確に述べているのがキッシンジャーです。彼は、核兵器と外交政策の本の中で次のように述べています。

・核保有の中小国は核兵器を使わないで、武力による国の崩壊ないし指導者の排除を容認することはない。

・しかし、核兵器を使用すれば、自分の国は攻撃されて国が消滅することを知っている。

・したがってこうした国が核兵器を使わないようにするには、武力でもって国を崩壊させる意図のないことを示すことである。

つまり、北朝鮮に対して、「日本は軍事によって、あなたの国をつぶさない、あなた方の指導者を攻撃しない」と、国家として明言すれば、日本への核攻撃は無いということです。

話を移しますが、フランスとドイツの関係について考えてみましょう。この二国が戦争すると思う人、居ますか？　誰もいませんね。ドイツとフランスは、第一次世界大戦、第二次世界大戦と二度も激しい戦争をしました。それなのに、なぜ多くの人がドイツとフランスは戦争をしないと思うのでしょう。領土問題はあるのです。アルザス・ロレーヌ地方というドイツ系の地域、これが今、フランス領になっています。だから、領土問題がないわけではありません。にも拘わらず戦争にはならない。つまり、国民同士が憎しみ合うことよりも協力し合うことが大事なんだと二つの国の国民が理解したからです。その決定的な契機が、今日のＥＵの基礎となっている「石炭鉄鋼連盟」の結成です。欧州石炭鉄鋼共同体（一九五一年のパリ条約により設立され、フランスとドイツ（当時は西ドイツ）だけでなく、イタリアとさらにオランダ、ベルギー、ルクセンブルクのベネルクス三カ国も加わった）へと発展し、やがてEUの誕生となりました。

この歴史的な経験に学んで、日本と北朝鮮との関係でも平和の実現にむけた努力こそが大切なのです。この課題と強く関連して、韓国との関係では、この間に問題になっていることがあります。

5 「徴用工」問題の解決の道筋

二〇一八年一〇月に韓国の大法院（日本の最高裁に当たる）が、戦前の日本による強制連行によって日本の炭鉱などで働かされた「徴用工」について、日本の企業に損害賠償せよという判決を出しました。この判決に対して、どのような態度を取るべきかという問題です。

日本国内に一九六五年の日韓条約の約束違反だと、だから韓国は国際法を守れ、という声もあります。

この日韓基本条約の中に、基本条約と請求権協定には、「国および個人の請求の問題は完全に解決した」と書いてあるのです。日本は経済協力をした。それによって、国および個人の請求の問題は完全に解決したと書いてあるのです。だから安倍晋三首相が「韓国は国際法を守れ、約束を守れ」というのは、ある程度正しいと思います。しかし、その後、一九六六年に、「国際人権規約」ができました。この「国際人権規約」では、「損害を受けた個人が、その請求権を公的な人間が無いと言ったとしても、それを回復する義務をこの署名国は負う」と書いてあるのです。だからこの条文を適用すると、徴用工の人たちが日本政府や日本企業に対して損害賠償を請求する権利があることになるのです。日本は、この「国際人権規約」を一九七九年に批准したのです。

中国との関係では、一九七二年九月の「日中共同声明」によって国交回復し、そこでは「請求権問題は解決した」と書いてあります。強制連行された中国人元労働者らは、西松建設に対して強制労働したということで損害請求訴訟を日本で起こしました。この裁判で、二〇〇四年に広島高等裁判所は、「両国の協定によって、個人の請求の問題をなくすることはできない」として、一人当たり五五〇万円の損害賠償を命じました。

また、国会では、一九九一年八月二七日の参議院予算委員会で、柳井俊二外務省条約局長が請求権協定第二条にある「日韓間の請求権が完全かつ最終的に解決」されたということについて、「日韓両国が国家として持っております外交保護権を相互に放棄したということでございます。したがいまして、いわゆる個人の請求権そのものを国内法的な意味で消滅させたというものではございません」と答弁しました。

ですから、韓国の徴用工の人たちが自分たちの権利を守るために韓国の裁判所に訴える権利もあるし、韓国の方も、それをしっかり手当てをする必要があるし、日本の政府も、それをしっかり尊重しなければならないのです。安倍首相が国際法を守れというのは、一九六五年の日韓請求権協定に関する限り正しいのですが、国際人権規約を考えると「国際法を守るべき」は安倍首相の方なのです。残念ながらこの点は日本ではほとんど議論されません。

インタビュー
私が体験した外務省の正体

――最初に外務省に入られたお話から伺えますか？

孫崎　私は、一九六六年に東京大学法学部在学中に外務公務員上級職甲種試験（外交官採用試験）に合格したので、大学を中途退学して外務省に入省しました。私が東大に入学した頃は、六〇年の安保闘争が終わり、学生運動は下火で、法学部の自治会（緑会）の委員長はどこの党派にも属していない人がやっていました。教養部のクラスには五〇人いましたが、自民党支持者はわずか二人でした。その一人は父親が自衛隊員でした。六六年に入省したのは二四人で研修時代に二つに分けられましたが、私のほうの一二人の中で、当時のベトナム戦争でのアメリカの立場を支持する人は二人だけで、教えに来たアメリカの先生が「外務省職員がこんなことで良いのか」

と怒っていました。

六六年に入省した私たちは、戦後教育で育ちました。ですから、世代間ギャップもあり、上司たちにとっては扱いにくかったでしょう。私の上司は岡崎久彦さんでしたが、彼は「この世代はどうしようもない」と言っていました。私たちより前の世代は旧制教育制度の下で軍国主義が正しいと育ったのですが、私たちは戦後教育の下で憲法が正しいと教えられています。しかも私たちの世代は子どものころに戦争の悲惨さも味わっています。私は石川県の小松で生まれました。戦争どころだったのですが、子どもの頃にジャガイモのつるを取りに行ったことがあります。戦争が良かったという人はいません。

私は入省するとすぐに外国に勤務することになりました。イギリスの大学でロシア語を勉強して、六八年にはモスクワ大学に行きました。チェコスロバキアで「プラハの春」が起きた直後でした。向こうは新学期は九月から始まります。経済学部に入りました。当時は「社会主義市場経済」などが話題となり、行き詰った経済をいかに立て直すのかに関心があり、カントロビッチなどに興味があったのです。経済学者のポポフが先生でした。ところが大学の図書館に行くと、社会主義市場経済に関係する著書が書棚に全くありませんでした。禁書扱いだったのでしょう。ソ連の経済学者はこのテーマを論じることが出来なくなり、検閲を避けるため難解な数理経済学という形で研究していたのです。

――一九二〇年代に「社会主義経済計算論争」というのがあり、ソ連の学者は「机上の空論」と反発しただけでした。これを少し勉強した時にカントロビッチの名前は憶えました。孫崎さんがそういうことに関心がおありだったとは驚きました。六〇年代にもそういう動きがあったのですね。数理経済学が発達したのはそういう理由からだったのですね。

対等・公平な雰囲気の外務省

孫崎　そのころの外務省は上下関係が弱く、上司に対しても自由にものを言える職場関係がありました。例えば、外務省の役人とどこかの団体との折衝の機会などに双方が一〇人くらい対面して話し合う時に、恐らく他の省庁なら最初に発言するのはその席でのトップに位置する課長だと思いますが、外務省では入省したばかりの若造が最初に発言するということも良くありました。「意見具申」という制度もありました。これは、外務省の公式見解とは異なる個人的な意見を提出する機会です。それから、世界各国の大使が自分の体験や意見を提出すると、外務省の外には出ませんが、各国大使だけに伝わる仕組みがありました。

この制度は、各国に赴任した大使が諸外国の状況を知るうえで有益であり、有能な人材を見つける役割も果たしました。七〇年にモスクワ大使館の中の閑職に回された時に、他の大使館員はそんなことはしませんが、私はイルクーツクとかナホトカとかソ連の地方に出かけて現地の様子をレポートしました。そうしたら、そのレポートを「ソ連からのものはいつも新聞の翻訳ばかりで詰まらなかったが、これは面白い。こういう報告を書く人が出てきたのは良いことだ。重要なことだ」と本省に手紙を送った人が現れました。おかげで私は、大使館の中の閑職から政務班に戻りました。

こんなこともありました。私が「カナダの教訓」というレポートを提出したことがあったのですが、これを読んだ、昭和一三年に入省した先輩の人がぜひ出版したほうがよいと資金を融通してくれてダイヤモンド社から出版して周りに配りました。他の省庁だと入省時期が二、三年違えば上下関係が強く働きますが、外務省はそういうことはありませんでした。二〇年上の人と一緒に国際情勢を考える雰囲気がありました。

外務省には戦前から、しっかりした自分の意見を持つことを尊重する雰囲気が作られてきました。話が古くなりますが、第一次大戦の終結に際して一九一九年にベルサイユ条約が締結されましたが、日本は戦勝国だったにもかかわらず、大した利益を得ることが出来ませんでした。ベルサイユ会議に出席した日本の外交官の語学力が低かったからです。そのころは外務省の役人には当時の華族などが能力にかかわらず担当していました。それではいけないということで、第一次大戦後に「外交官試験」が実施され、海外の大学で学ぶようになったのです。

一九八〇年代後半の中曽根政権の時に全省庁で局を一つ削減するという「行政改革」があり、経産省の要望で外務省の「経済局」が廃止されることになったことがありました。外務省は何とか巻き返そうとして、「情報の重要性」を柱にして「国際情報局」の新設を提案して実現しました。その時に私も関わったのですが、その新設のために「省の中に複眼的分析を出来る組織を」と打ち出しました。この新設を強く進めた人は、前にベトナム担当の課長だった人で、一九七二年の「ニクソン・ショック」（アメリカが突然、それまでの中国敵視から国交回復に転換）の前に、「アメリカはベトナムから手を引こうとしている。そのためには米中接近が予測される」という意見を上げていました。しかし、ワシントンのアメリカ大使館からも中国担当の課長からも「そんなことはない」と反対されて、その意見は省内に伝えられなかったのです。もし、この進言を活かしていたら、と悔やみ、それが国際情報局の新設につながります。私はそこの分析課長になりました。その後に局長に。

——そんな時代があったのですか。現在の外務省はどうなっているのでしょうか?

孫崎　小泉純一郎政権の二〇〇三年にレバノン大使だった天木直人氏が、政府の方針を批判した意見を出したことが原因で外務省を辞めました。前に話した意見具申の範囲の中でのことだと思いますが、咎められたわけです。天木氏は『さらば外務省！——私は小泉首相と売国官僚を許さない』を書いています。何年か前に外務省の図書館に行ったら、大きな棚に外務省の歴代の大使などの著作が並んでいるのですが、そこに私の著作は入っていませんでした。「どうして孫崎の本は掲示されないのか」と聞きましたが、確かな返事はありませんでした。その後、行ってみたら、その棚の著作はすべて書庫に移動されていました。まるで、前述のモスクワ大学の図書館と同じです。このあたりのことは改めて明らかにしたいと思います。

『日本国の正体』は必読

――話は飛びますが、九月に刊行されたばかりの『日本国の正体』（毎日新聞出版）を読んで学ぶことが多かったです。

孫崎　『週刊エコノミスト』で「外国人の日本人論に学ぶ」とタイトルして、この本をテーマに書きました。そのリードに「願望や色眼鏡なしに『日本』と『日本人』について考えようとした時、外国人が記した客観的な日本論、日本人論は示唆に富む」と付けられていました（一一月五日号）。

極東の日本を訪問した数多くの外国人がいますが、その人たちは見識も高く物事の奥を見抜く力も鋭いものがあります。その指摘に学ぶ必要があるのではないか、というのが出発点です。日本人だと当たり前だと思って見過ごすことを捉え、日本人だと言いにくいことをズバリと指摘していることが少なくないのです。

『週刊エコノミスト』にも書きましたが、歴史上のどういう人物を「英雄」と思うかという点で、日本人は「敗者の側について闘った者を尊重」します。鎌倉幕府を立てた源頼朝ではなく、義経のほうを好みます。外国なら、ナポレオンとか勝者が英雄視されます。

デモクラシーの欠如

孫崎　マサチューセッツ工科大学総長のカール・コンプトン博士は、戦争後に日本を訪問し、トルーマン大統領に次のように報告しました。「日本人は事実上、軍人をボスとする封建組織の中の奴隷国であった。そこで一般の日本人は、一方のボスのもとから他方のボス、すなわち現在のわが占領軍のもとに切り換わったわけである。彼らの多くの者には、この切り換えは新しい政権のもとに生計が保たれていければ、別に大したことではないのである」。これは『トルーマン回顧録』に書いてあります。

ハーバード・ノーマンも「一九四五年の降伏につづく諸事件をも徳川幕府の打倒以後の時期と比べてみることは一つの点で適切である。いずれの場合にも人民は改革運動を自ら開始することをせず、かえって、根源的な力は上から来たこと、初めはそれが軍事官僚であり、現在では最高司令官および占領軍である」と書いていた。

敗戦直後に日本に滞在したマーク・ゲインは「デモクラシーが一国の国民の中から萌え出たものでなく、征服者の事務室から発出したものなら、それはデモクラシーではありえない。この国は依然として封建国家で、古い構造が打破されない限り、ここにデモクラシーが成長する望みはない」とまで断じています。

安倍晋三政権のこの間の法律無視の所業とそれに対する反対の声の低調さを直視すると、これらの外国人の指摘の鋭さに改めて注目させられます。

自然を重んじる日本人

――私などは断片的に知っているだけですが、この本では、古代から現在まで日本人の特質が鋭く指摘されていて、とても勉強になりました。日本人が自然との調和を重んじていると強調されていますね。

孫崎　日本人が自然との調和を重んじていることについては、多くの外国人が指摘しています。今から一〇〇〇年も前の平安時代に書かれた『源氏物語』を今でも多くの人が愛読しています。アメリカのアイヴァン・モリスは一九六五年に『源氏物語の世界』でイギリスのダフ・クーパー賞を受けたが、その中で「平安朝文学における自然の役割は誇張してしすぎることはあるまいと思う」「極東においては、……人と周囲の自然との間に二元性を見る考え方には、抵抗してきている」と書いています。一九六〇年代に六年間も「プラウダ」の東京特派員を務めたフセヴォロド・オフチンニコフ（前任は北京特派員）は、「中国人の場合、倫理学が宗教の代わりを務めているが、日本人の場合は美しいものへの崇拝が、同じような役割を果たしている」と書いています。日本では「春夏秋冬は極端にはっきりしていて……日本人は自分の生活のリズムをこれに合わせること」を「悦びとしている」と書いています。

フランスの地理学者オギュスタン・ベルクは、和辻哲郎にも通じていて、「気候が根本的に多様性を備えて」いることに着目している。「雨」についての言葉が実に多い。小雨、夕立、時雨など一〇もあります。

伊勢神宮に着目する人もいます。イタリア人の写真家で東洋学者のフォスコ・マライーニは伊勢神宮について次のように書いています。「大きな建物、柱、塔、モニュメントがあるのではないか？　ところがそんなものなど、どこにもない。……彼らは理解したんだ。自然は、人間の作るどんなものにもまして、万物の根本的な神秘への尊敬を呼びさますということを」。

威風堂々たる靖国神社と比べるとはっきりします。保守派の中には靖国神社を讃える傾向がありますが、伊勢神宮は靖国神社より遥かに長い歴史をもっているのです。そのことを理解すれば、彼らが依拠する日本人観も大きく変わらざるをえないでしょう。「サムライ・ジャパン」などと宣伝されていますが、日本は本来、「サムライ・ジャパン」よりも深遠なものを持っていたと考えたほうが良いでしょう。

俳句も大切な文化です。松尾芭蕉の句に、

「閑（しずか）さや岩にしみ入る蝉の声」

「むざんやな甲（かぶと）の下のきりぎりす」（『奥の細道』）

がありますが、芭蕉の句には、二つの対極的な事象を見事に結びつけるものが少なくありません。その対比に人びとは感動を憶えます。このことを指摘した外国人がいます。そういう鋭い眼で現実を観察し、分析することが大切だと、私は考えています。

――徳川家康が知識欲に溢れた勉強家であったことも知りました。

孫崎　三浦按針という日本名ももつイギリス人のウィリアム・アダムスが一六〇〇年に日本に漂着して、家康と面会しました。その時のことをアダムスが妻に宛てて書いた手紙が残っていたのです。アダムスは、家康が「西洋の習慣や情勢について、戦争と平和に関する事、動物や家畜の種類、信仰などあらゆる質問をされ」たと記しています。質問は夜遅くまでなされ、二日後にも呼び出されたといいます。

――とても大切なことを沢山、ありがとうございました。

（聞き手：村岡到）

〔本稿は、二〇二〇年一一月二四日に行われた政権構想探究グループの発足記念集会での講演と、季刊『フラタニティ』第一七号＝二〇二〇年二月号の「編集長インタビュー」を再録した〕

最高裁を若返らせる——政権構想に向けた一提言

西川伸一

はじめに

最高裁には最高裁長官一人と最高裁判事一四人の合計一五人の最高裁裁判官がいる。現在の彼ら一五人の任命時年齢などは表1（次頁）のとおりである。

このうち、大谷長官は二〇一五年二月一七日に最高裁判事に任命された。当時六二歳であった。その後、二〇一八年一月九日に最高裁長官に昇格したのである。そこで、大谷の場合は六二歳として、一五人全員が最高裁入りした時点での平均年齢は、月齢を無視した単純計算によれば六三・一歳となる。一方、アメリカ連邦最高裁の九人の判事についての就任時年齢などを表2に掲げてみよう。

九人全員の連邦最高裁入りした際の平均年齢を同様に単純計算すると、五二・三歳となる。韓国の最高裁長官に相当する大法院長である金命洙（キム・ミョンス）が二〇一七年九月にそのポ

表１　最高裁裁判官15人（2020年４月１日時点）の任命時年齢など

氏　名	官名	任命時年齢	生年月日	任命日	出身枠
大谷直人	長官	65	1952.6.23	2018.1.9	裁判官（刑事）
池上政幸	判事	63	1951.8.29	2014.10.2	学識者（検察官）
小池　裕	判事	63	1951.7.3	2015.4.2	裁判官（民事）
木澤克之	判事	64	1951.8.26	2016.7.19	弁護士
菅野博之	判事	64	1952.7.3	2016.9.5	裁判官（民事）
山口　厚	判事	63	1953.11.6	2017.2.6	弁護士
戸倉三郎	判事	62	1954.8.11	2017.3.14	裁判官（刑事）
林　景一	判事	66	1951.2.8	2017.4.10	学識者（行政官）
宮崎裕子	判事	66	1951.7.9	2018.1.9	弁護士
深山卓也	判事	63	1954.9.2	2018.1.9	裁判官（民事）
三浦　守	判事	61	1956.10.23	2018.2.26	学識者（検察官）
草野耕一	判事	63	1955.3.22	2019.2.13	弁護士
宇賀克也	判事	63	1955.7.21	2019.3.20	学識者（学者）
林　道晴	判事	62	1957.8.31	2019.9.2	裁判官（民事）
岡村和美	判事	61	1957.12.23	2019.10.2	学識者（行政官）

掲載順は長官以外は任命順。筆者作成。

表２　アメリカ連邦最高裁判事９人（2020年４月１日時点）の就任時年齢など

氏　名	就任時年齢	生年月日	就任日
クレランス・トーマス	43	1948.6.23	1991.10.23
ルース・ベイダー・ギンズバーグ	60	1933.3.15	1993.8.10
スティーブン・ブライヤー	56	1938.8.15	1994.8.3
ジョン・ロバーツ（長官）	50	1951.8.26	2005.9.29
サミュエル・アリート	55	1950.4.1	2006.1.31
ソニア・ソトマイヨール	55	1954.6.25	2009.8.8
エレナ・ケイガン	50	1960.4.28	2010.8.7
ニール・ゴーサッチ	49	1967.8.29	2017.4.10
ブレット・カバノー	53	1995.2.12	2018.10.6

掲載順は就任順。アメリカ連邦最高裁は１人の首席判事と８人の陪席判事から構成される。首席判事に日本では慣例的に長官との訳語を当てている。筆者作成。

ストに就いたときの年齢は、五九歳であった。これらからみて、還暦を過ぎないと事実上就任できない日本の最高裁裁判官は高齢法曹の集まりと化している（西川 二〇一四）。せめて五〇歳代が複数いる法廷構成を実現できないものか。

私は最高裁に女性裁判官を増やすべきだとの主張をすでに書いた（西川 二〇一九ａ）。本稿はその続編として最高裁の若返りを目指した検討を行う。

1　任命下限年齢についての法的規定と現実

裁判所法第四一条は「最高裁判所の裁判官は、識見の高い、法律の素養にある年齢四十年以上の者の中からこれを任命し」と定めている。法的には四〇歳以上であれば最高裁裁判官になることができる。なぜ任命下限年齢を四〇歳としたのか。

大日本帝国憲法第五七条第二項に基づいて、裁判所の組織と裁判官の身分をめぐる事項を定めたのが裁判所構成法である。これは日本国憲法施行とともに裁判所法に改正された。裁判所構成法には戦後の最高裁裁判官に当たる大審院判事の任命下限年齢についての規定はなかった。司法省民事局で行われた同法の改正作業で得られた当初案でも年齢は未規定だった。それが一九四六年一一月に法制局審査に付された際、法制局は「年齢四十年以上」を加えたのである。法制局は、枢密顧問官の任命下限年齢を定めた枢密院官制及事務規程第四条の「年齢四十歳ニ達シタルモノ」を参考にした（西川 二〇〇九：一七）。その後、民事局では四五歳以上とする修正案が検討された。だが、連合国最高司令官総司令部（GHQ／SCAP）側から「若い人にも優秀な人があり、之を入れる必要もあろう」などと指摘され、結局任命下限年齢は四〇歳で決着した（西川 二〇〇九：一二三）。

ただ、現実には四〇歳代の「若い人」が最高裁裁判官に任命されたことはこれまで一度もない。裁判所法案の審査をGHQ側で担当した民政局（GS）のアルフレッド・オプラー法廷法律課長は、一九七六年に刊行された自著において次のように悔いている。「現実にはしばしば精神は動脈と一緒に硬化し、年老いた裁判官は常に変わり行く諸条件に自分自身を適応させることができるほど十分な柔軟性を必ずしも備えていないのである。（略）私達は、最高裁判所の一五名の裁判官の少なくとも五名は、任命の時点で五〇歳未満でなければならないという規定を設けることによって、最高裁判所の裁判官につき最低年齢要件と最高年齢要件のバランスを保つべきであった」（オプラー 一九九〇：八一）。

五〇歳代で任命される最高裁裁判官でさえ珍しい。一九四七年八月四日の最高裁発足から二〇一九年一〇月二日に任命された岡村和美まで、一八二人の最高裁裁判官が任命されている。**表3**は彼らのうち五〇歳代で任命された者を任命順に示したものである。

表3　最高裁裁判官のうち50歳代で任命された者

氏　名	任命時年齢	生年月日	任命日	出身枠
真野　毅	59	1888.6.9	1947.8.4	弁護士
庄野理一	58	1888.12.20	1947.8.4	弁護士
小谷勝重	56	1890.12.24	1947.8.4	弁護士
島　保	55	1891.8.25	1947.8.4	裁判官
斎藤悠輔	55	1892.5.21	1947.8.4	学識者（検察官）
藤田八郎	54	1892.8.5	1947.8.4	裁判官
岩松三郎	53	1893.12.31	1947.8.4	裁判官
河村又介	53	1894.1.1	1947.8.4	学識者（学者）
入江俊郎	51	1901.1.10	1952.8.30	学識者（行政官）
奥野健一	58	1898.11.18	1956.11.22	学識者（行政官）
田中二郎	57	1906.7.14	1964.1.16	学識者（学者）

作成参照：全裁判官経歴総覧編集委員会編（2010: 407-410）。

このとおり一一人しかいない。うち八人は最高裁発足時の任命者である。退官者の後任として五〇歳代の者が人選されることは、きわめて例外的であることがわかる。また、直近の五〇歳代での任命者は一九六四年一月任命の田中二郎までさかのぼらなければならない。それ以来半世紀以上にわたって五〇歳代で最高裁入りした者はいない。いわば「赤いちゃんちゃんこ」組が最高裁裁判官のイスを独占してきたのである。最高裁裁判官の指名・任命は内閣の権限である。最高裁長官は内閣が指名し、天皇が任命する（憲法第六条第二項）。最高裁判事は内閣が任命する（憲法第七九条第一項）。その年齢構成のバランスに強い関心をもつ政権が誕生して意識的な人事を行わない限り、「赤いちゃんちゃんこ」状況は変わらないであろう。ちなみに、最年少任命者は入江俊郎の五一歳である。最高裁裁判官の定年年齢は七〇歳であるから、入江は一八年五か月もの間最高裁判事を務めた。この記録を破る者は今後現れようか。

ところで、最高裁裁判官は任命されて最初に迎える衆院総選挙時に国民審査にかけられる。それを定めた憲法第七九条第二項後段には、一度国民審査にかけられた者について、「その後十年を経過した後初めて行はれる衆議院議員総選挙の際更に審査に付し、その後も同様とする」と記されている。この規定に従って、入江は一九五二年一〇月一日の衆院総選挙時の第二回国民審査にかけられた後、一〇年を経過してはじめて行われた一九六三年一一月二一日の衆院総選挙時の第六回国民審査で二度目の審査を受けた。同様に二度の国民審査を経験した者に小谷勝重、島保、斎藤悠輔、藤田八郎、河村又介の五人がいる。いずれも一九四九年一月二三日の第一回国民審査と一九六〇年一一月二〇日の第五回国民審査である。

これに対して、任命上限年齢はあるのだろうか。前述のとおり、定年年齢は七〇歳である。そのため六九歳の者でも理論的には任命可能である。とはいえ、定年までの期間があまりに短いと国民審査にかけられずに退官となる。これを許せば憲法が定める国民審査制度を空洞化させてしまう。ゆえに任命時の衆院議員の任期がいつまでかが任命上限年齢の目安になる。なるほど衆院を解散せずに任期満了・総選挙となった事例は戦後一回しかない。しかし、それを想定した人選により国民審査に必ずかけられる担保を取っておくべきだろう。この点を六六歳以上で任命され

表４　66 歳以上で任命された最高裁裁判官とその任命時の衆院議員の任期満了日

氏　名	任命時年齢	任命日	定年退官日	その任命時の衆院議員の任期満了日（実際の解散／総選挙＝国民審査期日）
三淵忠彦	67	1947.8.4	1950.3.2	1951.4.24（1948.12.23/1949.1.23）
塚崎直義	66	1947.8.4	1951.5.9*	1951.4.24（1948.12.23/1949.1.23）
相原語六	66	1963.12.13	1967.9.19	1967.11.20（1966.12.27/1967.1.29）
本林　譲	66	1975.8.8	1979.3.30	1976.12.9（任期満了 /1976.12.5）
長島　敦	66	1984.6.12	1988.3.16	1987.12.17（1986.6.2/1986.7.6）
佐藤哲郎	66	1986.5.21	1990.1.4	1987.12.17（1986.6.2/1986.7.6）
奥野久之	67	1987.9.5	1990.8.26	1990.7.5（1990.1.24/1990.2.18）
橋本四郎平	67	1990.1.11	1993.4.12	1990.7.5（1990.1.24/1990.2.18）
佐藤庄市郎	66	1990.2.20	1994.2.15	1994.2.17（1993.6.18/1993.7.18）
木崎良平	66	1990.9.3	1994.7.24	1994.2.17（1993.6.18/1993.7.18）
味村　治	66	1990.12.10	1994.2.6	1994.2.17（1993.6.18/1993.7.18）
高橋久子	66	1994.2.9	1997.9.20	1997.7.17（1996.9.27/1996.10.20）
元原利文	66	1997.9.8	2001.4.21	2000.10.19（2000.6.2/2000.6.25）
奥田昌道	66	1999.4.1	2002.9.27	2000.10.19（2000.6.2/2000.6.25）
深澤武久	66	2000.9.14	2004.1.4	2004.6.24（2003.10.10/2003.11.9）
須藤正彦	67	2009.12.28	2012.12.26	2013.8.29（2012.11.16/2012.12.16）
林　景一	66	2017.4.10	2021.2.7	2018.12.13（2017.9.28/2017.10.22）
宮崎裕子	66	2018.1.9	2021.7.8	2021.10.21（未定／未定）

＊塚崎は定年退官を待たずに 1951 年 2 月 14 日に依願退官。
作成参照：全裁判官経歴総覧編集委員会編（2010: 407-410）。

た最高裁裁判官で吟味したのが表４である。

表４の氏名欄で氏名をゴシック体にした最高裁裁判官は、在任中にもし衆院の解散・総選挙がなければ国民審査を受けずに定年退官日を迎えた者である。最高裁発足時に該当者が長官を含めて二人い

た。このときの選考方法は裁判官任命諮問委員会が三〇人の候補者を選び、時の片山哲内閣がその中から一五人を閣議で決めた。これらの議論において、国民審査の観点から任命上限年齢を念頭に置いた意見はみあたらない（西川 二〇〇九：五四-五九）。ゴシック体の該当者八人のうち現職の宮崎裕子を除く七人は、定年退官日までにたまたま解散・総選挙があり国民審査にかけられたにすぎない。もちろん時の首相はこの点も考慮に入れて解散期日を決めるわけではない。

七人のうち一番際どかったのが須藤正彦である。定年退官日の一〇日前に当たる二〇一二年一二月一六日に総選挙＝国民審査となった。当時の野田佳彦首相は必ずしも年内解散にこだわっていなかったことを、内閣官房長官だった藤村修は証言している（藤村 二〇一四：一七六）。やはりたまたまだったのである。現職の宮崎もこの偶然に恵まれるかはわからない。

これまで任命された最高裁裁判官のうち、国民審査を受けなかった者は，現職の七人（表1の宮崎以下）を除けば二人しかいない。任命後一年足らずで「失言」により引責辞任した庄野理一（在任：一九四七・八・四-一九四八・六・二八）と在官中に死去した穂積重遠（在任：一九四九・二・二六-一九五一・七・二九）である。彼ら以外は上記の不確定要素を抱える者もいながら、全員が結果的に国民審査にかけられてきた。

国民審査の形骸化が叫ばれて久しい。最高裁裁判官の指名・任命に当たって、たまたまに頼らず確実に国民審査にかけられる年齢の者を人選するかどうか。ここに当該の政権の国民審査制度に対する本気度が現れよう。

2　職業裁判官枠での任命者の若返りは可能か

表1の出身枠欄に記したとおり、最高裁裁判官一五人の出身分野別内訳は職業裁判官出身者六人、弁護士出身者四人、学識経験者出身者五人と慣例的に決まっている。その上、職業裁判官六人は民事裁判官出身者四人と刑事裁判官出身者二人、学識経験者枠の五人は検察官出身者二人、行政官出身者二人、学者出身者一人と細かく分かれる。それぞれの枠の者が定年退官あるいは依願退官する場合、後任は同じ枠の中で選考される。

最高裁発足当初これら三枠の比率は五：五：五だった。その後適任者がおらず他の枠を借りるなどの紆余曲折があり、一九六九年からは現在の六：四：五の比率にほぼ落ち着いている（西川二〇一〇：二三一）。これが各出身母体の既得権益と化して、それぞれの上がりポストないしはごほうびポストに堕しているとの強い批判がよくなされる。一方で、任命権は内閣にあることを考えれば、こうした慣例が最高裁裁判官人事をめぐる政権からの介入を防ぐ役割を果たしてきたことも無視できまい。任命権をもつからといって政権がこの比率を恣意的に変更することは、司法の独立に抵触する。それは法曹界の合意に委ねられるべきだろう。

この点は措くとして、職業裁判官出身者六人の若返りはどのようにすれば可能になるかを考えてゆきたい。

最高裁入りした職業裁判官はこれまで六七人いる。戦後の司法修習終了者に限れば、一九八四年二月に任命された矢口洪一から二〇一九年九月任命の林道晴までの三六人になる。そのうち三五人は直前のポストが高裁長官であった。高裁長官が最高裁裁判官に出世するのである。彼らはさらにその前に六人を除いて最高裁事務総長、司法研修所長、最高裁首席調査官、法務省民事局長のいずれかに就いている。ただ一人高裁長官歴のない千種秀夫は、最高裁事務総長と法務省民事局長の二ポストを経験している。

最高裁事務総長とは最高裁の司法行政部門である最高裁事務総局のトップである。事務総局の幹部ポストは裁判官によって占められている。彼らは裁判しない裁判官たちである。それらポストを歴任した者が事務総長に就く。ただし、事務総長は裁判官ではなく一般職裁判所職員の扱いになる。事務総長には指定職俸給表が準用され、各府省の事務次官と同じ八号俸の俸給が支給される。

司法研修所は最高裁の付属機関であり、裁判官の研究・修養も担うが、むしろ司法試験に合格した司法修習生に修習を施す機関としてよく知られている。彼らの修習を統轄するのが司法研修所長である。このポストにも裁判官が就く。司法研修所教官としても裁判官が教鞭を執っている。

やはり裁判しない裁判官たちである。

また、最高裁の裁判部門には一五人の最高裁裁判官を補佐するスタッフとして最高裁調査官が配置されている。彼らも裁判官であり、最高裁に係属する訴訟などにつき調査を行うが、もちろん法廷に出ることはない。首席調査官室、民事調査官室、行政調査官室、刑事調査官室の四室に四〇人が分属している。うち一人が首席調査官であり、その者が最高裁調査官たちを統括する。

加えて、裁判官の中には行政官庁へ出向する者もいる。その多くは法務省に勤務している。同省内での裁判官出向者の最高峰ポストが法務省民事局長である。そこまで達すると裁判所に戻って、高裁部総括（裁判長）、地裁所長、高裁長官と経歴を積み上げる。

すなわち、裁判しない裁判官の出世ポストにのぼりつめた者が、高裁長官を経て最高裁入りするキャリアパスが確立されているのだ。これが維持される限り、職業裁判官枠で五〇歳代での最高裁入りは著しく困難であろう。その一例として、この枠での直近の任命者である林道晴の経歴を表5（次頁）に示す。

首席調査官からさかのぼって、東京高裁部総括、地裁所長、事務総局局長、司法研修所事務局長、司法研修所教官、東京地裁部総括、事務総局課長、事務総局参事官、行政官庁出向、事務総局局付と華麗な経歴である。言い換えれば、これだけの経歴の蓄積がなければ、最高裁への階段の入り口にたどり着けないのである。

表 5　林道晴最高裁判事の経歴

就任	退任	ポスト名	備考
1982.4.13	1985.8.1	東京地裁判事補	24 歳
1985.8.1	1987.3.31	最高裁事務総局民事局付	★
1987.4.1	1989.3.31	厚生省年金局企業年金課主査	★ 30 歳到達
1989.4.1	1990.3.31	札幌家地裁判事補	
1990.4.1	1992.3.31	札幌地家裁判事補	
1992.4.1	1992.4.12	東京地裁判事補	
1992.4.13	1993.7.14	東京地裁判事	
1993.7.15	1996.7.31	最高裁事務総局民事局参事官	★
1996.8.1	1999.6.30	最高裁事務総局民事局第二課長	★ 40 歳到達
1999.7.1	2002.7.31	最高裁事務総局民事局第一課長	★
2002.8.1	2003.8.14	東京高裁第 2 民事部判事	
2003.8.15	2005.3.21	東京地裁民事第 33 部総括判事	
2005.3.22	2005.10.10	司法研修所民事裁判教官	★
2005.10.11	2009.8.2	司法研修所事務局長	★ 50 歳到達
2009.8.3	2010.7.6	最高裁事務総局民事・行政局長	★
2010.7.7	2013.3.4	最高裁事務総局経理局長	★
2013.3.5	2014.9.11	静岡地裁所長	★
2014.9.12	2014.11.10	東京高裁第 12 民事部総括判事	
2014.11.11	2018.1.8	最高裁首席調査官	★ 60 歳到達
2018.1.9	2019.9.1	東京高裁長官	★
2019.9.2	○	最高裁判事	62 歳と 3 日

★は「裁判しない裁判官」ポストを示す。
作成参照：「弁護士山中理司（大阪弁護士会所属）のブログ」。

表 6　司法修習終了の職業裁判官出身者が最高裁裁判官に就いた年齢

総数	61 歳	62 歳	63 歳	64 歳	65 歳
36	2	6	13	14	1

作成参照：全裁判官経歴総覧編集委員会編（2010: 408-410）。

表7　司法修習終了の職業裁判官が任官から最高裁入りまでにかかった年数

総数	34年	35年	36年	37年	38年	39年	40年
36	1	1	6	11	8	6	3

作成参照：全裁判官経歴総覧編集委員会編（2010: 408-410 および該当する各期の頁）。

林は一九五七年八月三一日生まれである。現役で東大に合格・入学して大学四年の時に司法試験に合格した。一九八〇年三月に東大を卒業した後、翌月に司法修習生になっている。当時の司法修習は二年だったので、裁判官に任官したのは一九八二年四月である。つまり、大学浪人も司法浪人もせずに最短でエリートコースを歩んだ者でも、最高裁入りするころには六二歳前後になってしまう。任官から三七年五か月ほどかかっている。司法修習終了の職業裁判官出身者が最高裁判官に就いた年齢は表6のとおりである。平均で六三・二歳となる。

六一歳の二人は千種秀夫（司法修習七期：一九五五年四月任官）と小野幹雄（同である。千種は東大三年で司法試験に合格し、大学四年次は司法修習一年目と重なる。二三歳で任官した最も若い裁判官である。一九九三年九月に最高裁判事に任命された。最高裁入りするまで三八年五か月を要している。もう一人の小野は中大四年で司法試験に合格し、林と同様に二四歳で任官している。最高裁判事任命は一九九二年四月である。任官から三六年一〇か月かかっている。

そして、表7は司法修習終了の職業裁判官が任官から最高裁入りまでにかかった年数を算出したものである。厳密に正確を期せば、X年Yか月Z日となるがYか月Z日の部分は切り捨ててある。平均すれば任官後三七・五年で最高裁に到達

表8　司法修習終了の弁護士出身者が最高裁裁判官に就いた年齢

総数	62歳	63歳	64歳	65歳	66歳	67歳
32	3	3	9	8	6	3

作成参照：全裁判官経歴総覧編集委員会編（2010: 408-410）。

している。

現行の司法試験制度がはじまった二〇〇六年以降で最年少合格者は、二〇一八年の一九歳である。司法修習は一年に短縮されているので、その後任官すれば五〇歳代後半で最高裁裁判官に任命されることは数字の上ではあり得る。もちろんこれは希有な例外である。いまの昇進システムを続ける限り、職業裁判官枠から五〇歳代の最高裁裁判官が誕生することはあるまい。この枠での若返りは当面困難である。

3　弁護士枠での任命者の若返りは可能か

であれば、弁護士枠は期待をもてるだろうか。表8は司法修習終了の弁護士出身者が最高裁裁判官に就いた年齢を示している。

平均で六四・六歳である。職業裁判官枠以上に高齢である。日弁連は「日本弁護士連合会が推薦する最高裁判所裁判官候補者の選考に関する運用基準」を定めて、それに基づき「最高裁判所裁判官推薦諮問委員会」を設置して候補者を選考してきた。それによれば全国に五二ある各弁護士会が候補者を推薦できた。

だが実際には、圧倒的な会員数を擁する東京三会（東京弁護士会（東弁）・第一東京弁護士会（一弁）・第二東京弁護士会（二弁）と大阪弁護士会の推薦者が就いてきた。例外的に兵庫県弁護士会（旧・神戸弁護士会）と愛知県弁護士会（旧・名古屋弁護士会）からも選ばれたことがある。共通点はそれぞれの弁護士会の会長や日弁連の委員会委員長など重要な会務経験者であることだ。これらについて、一九八八年四月から一九九〇年三月まで日弁連会長を務めた藤井英男は次のように説明している。

「各弁護士会からの推薦は、会内の派閥力学に影響することが指摘されている。たいてい、七〇歳の定年まで四、五年を残す人が対象となる。仮に、若い人や革新的な人を推薦しても、最高裁や内閣がうんといわない。今のやり方が、法曹界の常識の線といえる」（一九九〇年一一月一五日付『朝日新聞』）

さりとて、上記四弁護士会推薦の者にしか最高裁入りの道が開かれていない実態は合理性を欠いている。「候補者の適性より、出身弁護士会と、その弁護士会での有力者の順送りが優先されている」との批判が日弁連内で言われてきたのは当然であろう（二〇〇九年一一月一八日付『朝日新聞』）。そこで、日弁連理事会は前出の運用基準の全部改正を二〇〇九年一一月一七日に議決し、翌年四月一日から施行した。これにより、各弁護士会の推薦者以外に「五〇名以上の会員の推薦」を得た会員も候補者になることが可能になった。その結果、「法曹界の常識の線」を打破できたのであろうか。運用基準の全部改正以降の弁護士枠

表９　運用基準の全部改正以降の弁護士枠での最高裁判事任命者

氏　名	任命時年齢	任命日	出身弁護士会	会務経験など
大橋正春	64	2012.2.13	一弁	日弁連法科大学院センター委員長
山浦善樹	65	2012.3.1	東弁	
鬼丸かおる	64	2013.2.6	東弁	日本女性法律家協会副会長
木内道祥	65	2013.4.25	大阪弁護士会	日弁連倒産法改正問題検討委員会委員長
木澤克之	64	2016.7.19 ○	東弁	東弁人事委員会委員長
山口　厚	63	2017.2.6 ○	一弁	東大大学院法学政治学研究科長・法学部長
宮崎裕子	66	2018.1.9 ○	一弁	新司法試験考査委員
草野耕一	63	2019.2.13 ○	一弁	西村あさひ法律事務所代表パートナー

○は現職者。筆者作成。

での最高裁判事任命者を表９でみてみよう。

平均年齢は六四・三歳と若干若返っている。それでも職業裁判官枠の任命者の平均年齢よりは高い。出身弁護士会は相変わらず先に掲げた四弁護士会のいずれかで、現在では東弁一人に一弁三人と偏っている。山浦は俗に言うマチベン出身で弁護士会での会務には携わっていない。山口が弁護士登録したのは二〇一六年八月にすぎない。そのわずか半年後に任命された。安倍政権の介入によるこの異例の人事がはらむ問題性についてはすでに別稿で論じた（西川二〇一九b：二三九–二四〇）。宮崎と草野は国際性のあるビジネス法務を扱う渉外弁護士出身である。この二人は山浦とは対照的にいわゆる四大法律事務所に所属していた（宮崎は長島・大野・常松法律事務所）。

弁護士枠での任命者に「弁護士会で功績があった

表10　司法修習終了の検察官出身者が最高裁裁判官に就いた年齢

総数	61歳	62歳	63歳	64歳	65歳
9	1	2	3	1	2

作成参照：全裁判官経歴総覧編集委員会編（2010: 409-410）。

表11　司法修習終了の検察官出身者の検察庁での最終ポスト

総数	最高検次長検事	東京高検検事長	大阪高検検事長	名古屋高検検事長
9	3	3	2	1

筆者作成。

長老的な方が多かった」（泉ほか 二〇一七：三一〇）時代からは、確かに任命者は様変わりしている。一方で、人権派と目される弁護士が任命されていない（岡口 二〇一九：一四九）ことに加えて、若返りもさほど進んでいない。ただ、堅牢な昇進システムに縛られた職業裁判官枠よりは若返りのしくみはつくりやすそうではある。たとえば、前出の運用基準に「推薦にあたっては年齢を考慮すること（六〇歳未満が望ましい）」などの年齢要件を加えれば、やや希望をもてるのではないか。

4　学識経験者枠での任命者の若返りは可能か

2の冒頭に述べたように、学識経験者枠の五人は検察官出身者二人、行政官出身者二人、学者出身者一人とほぼ内訳は慣例的に決まっている。まず司法修習終了の検察官出身者の任命時年齢については表10の、また彼らの賢察庁での最終ポストは表11のとおりである。

任命時年齢は平均で六三・一歳となる。検察官から最高裁入りする

表12　1984年2月以降に行政官出身者が最高裁裁判官に就いた年齢

総数	60歳	61歳	62歳	63歳	64歳	65歳	66歳
12	2	2	0	1	0	4	3

作成参照：全裁判官経歴総覧編集委員会編（2010: 409-410）

表13　1984年2月以降に任命された行政官枠最高裁裁判官の出身官庁

総数	外務省	内閣法制局	労働省	社会保険庁	消費者庁
12	5	3	2	1	1

筆者作成。

のは検察庁トップである検事総長の次位の最高検次長検事、東京高検検事長、大阪高検検事長、名古屋高検検事長のいずれかの経験者である。そこまでたどり着くには六〇歳を超える。最高裁裁判官は彼らの上がりポストと位置付けられている。検察官枠での若返りは望めそうもない。

次に行政官出身者はどうであろうか。前に触れたとおり、一九八四年二月に司法修習終了の職業裁判官として矢口洪一がはじめて最高裁判事に任命された。それ以降の行政官出身者の任命時年齢を示したのが表12である。表13は彼らの出身官庁である。

平均で六三・六歳である。外務省出身者五人はいずれも特命全権大使の経験者である。内閣法制局出身者三人はみな内閣法制局長官の退職者である。労働省の二人は局長の、社会保険庁と消費者庁の一人ずつは長官を経て任命されている。検察官枠と同様に、最高裁裁判官はこれら高位級ポストに到達した者の上がりポストとして供せられている。すなわち若返りは期待できそうにない。

最後に学者枠をみてみよう。やはり一九八四年二月以降の任命者の

表14　1984年2月以降に学者出身者が最高裁裁判官に就いた年齢

総数	60歳	61歳	62歳	63歳	64歳	65歳	66歳
5	1	1	1	1	0	0	1

作成参照：全裁判官経歴総覧編集委員会編（2010: 409-410）。

表15　1984年2月以降に任命された学者枠最高裁裁判官の専門領域

総数	行政法	民法
5	3	2

筆者作成。

任命時年齢と専門領域を表14と表15に掲げた。

表中の五人の任命時平均年齢は六二・四歳である。上述のいずれの出身枠より若い。

かねてより学者枠の人選基準は「わからない」と言われてきた（塚原 二〇〇一：六八）。泉徳治元最高裁判事は「行政官と学者の場合は、内閣が直接人選しますので、最高裁は関与しません。（略）学者については、内閣の意向で、人選の段階から最高裁が意見を述べたり、本人への内示も最高裁が行うということはあります」と紹介している（泉 二〇一七：一五八）。

明確な基準がなく上がりポストでもない学者枠こそ、若返りが容易なのではないか。ツイッターへの投稿をめぐって分限裁判にかけられ、二〇一八年一〇月に最高裁決定で戒告処分を受けた岡口基一仙台高裁判事は、最高裁判事が「好き勝手な判決をする「王様」」化の進行を懸念している（岡口 二〇一九：一三一－一三六）。加えて、これを食い止める上で重要な役割を果たすのは、公法学者と弁護士の出身の最高裁判事だと主張する（岡口 二〇一九：一四四）。泉も「各小法廷に公法学者を一人は入れることです。（略）憲法の番人といいながら、公法学者が一人もいないという姿は極めて異常です」と言う。この発言当時、学者枠として民法を専門とする岡部喜代子が入っていた。

五〇歳代の優秀な公法学者を任命すべきだ。学者枠で現職の宇賀克也が定年退官を迎えるのは二〇二五年七月二〇日である。この後任に、宍戸常寿東大大学院法学政治学研究科教授を充てることを考えてみよう。彼は一九七四年九月生まれで、東大三年のときに司法試験に合格した。東大卒業と同時に東大の助手に採用され、憲法と情報法の領域で抜きん出た業績を上げている。宇賀の定年時にはまだ五〇歳である。先に言及した、不滅と思われている入江の五一歳という最高裁入り最年少記録を更新する。

おわりに

その入江が一九五二年八月に最高裁判事に任命される際に、最高裁判事の中で反対意見が出された。当時、入江は衆院法制局長の任にあり、裁判実務の経験をもたないことに五人の最高裁判事が異を唱えた（野村 一九八六：六四）。新聞にも、入江が任命されれば配属される第一小法廷の三人の最高裁判事が、木村篤太郎法務大臣と面会し反対を表明したと報じられている（一九五二年八月二六日付『読売新聞』）。いまなら考えられない。というのも、最高裁裁判官の人事は秘密裏に進められる。現職の最高裁判事たちでさえ新聞の首相動静欄に最高裁長官が首相官邸を訪ねたとの記載をみて、それを察知するのである。ところが、入江のときは候補者の段階で報じられていた（一九五二年八月二三日付『朝日新聞』、『毎日新聞』、『読売新聞』各紙夕刊）。

アメリカ連邦最高裁判事の任命手続きは公開されている。大統領が候補者を指名し、その者について上院の「助言と承認」を経て任命へと至る。より具体的には、上院司法委員会で候補者についての質疑応答と採決が行われる。次に上院本会議での投票に付されて、過半数の承認が得られれば任命の運びとなる。たとえば、二〇一八年七月にトランプ大統領はブレット・カバノーを候補者として指名した。九月に開かれた上院司法委員会の公聴会において、彼の学生時代の性的暴行疑惑が追及された。それでもこの人事案は同委員会で承認され、一〇月の上院本会議における投票の結果、賛成五〇・反対四八の僅差で承認された。このように、候補者は任命までに議会の審査を受け、国民の厳しい目にさらされるのである。

きわめて対照的に日本の場合は候補者を指名・任命する閣議決定がなされた後に、その者の氏名・経歴などが明らかにされる。選考過程について国民はいっさい蚊帳の外に置かれる。国民のほとんどは最高裁裁判官について関心をもつ機会がなく、それが国民審査を形骸化させる大きな原因になっている。

最高裁発足時に片山内閣が設置した裁判官任命諮問委員会は、内閣の指名・任命権を拘束すると批判されて、このときのみの設置で終わってしまった。とはいえ、最高裁裁判官の選考過程を民主的コントロールの下に置くことは司法権の強化につながるはずである。この種の委員会による意見具申は内閣の権限を損なわないとの共通了解をつくればよい。そして、そこでは候補者の年齢も論点にするのである。実は一九七〇年代に社会党が「最高裁判所裁判官任命諮問委員会設置法案」を議員立法で五回提出している（西川 二〇一二：一八五）。

日本の司法は「弱い司法」ないしは司法消極主義と指摘されてきた。最高裁による法令違憲判決・決定はこれまで一〇件にすぎない。もちろん、この少なさの理由を最高裁の「弱さ」や消極性だけに帰することはできない。また、一〇件のうち五件は二〇〇二年以降に出されていることから、司法は変わりつつあるとも考えられる。これをより推し進めるためには、やはり最高裁判事は「赤いちゃんちゃんこ」を着る前に就任して一〇年以上在職可能にすることが鍵となろう。前出の泉によれば、違憲立法審査権の行使には三権における司法の位置付けへの深い理解に達することが不可欠であるという。それには相応の十分な時間を要する（市川ほか 二〇一五：三二六）。

最高裁の若返りをまずは学者枠と弁護士枠からはじめるべきである。これは最高裁の「王様」化を抑止し、その積極性を後押ししよう。政権構想の司法分野のプログラムにはぜひ最高裁の若返りを掲げてほしい。

引用・参考文献

泉徳治ほか（二〇一七）『一歩前に出る司法』日本評論社。

市川正人ほか（二〇一五）『日本の最高裁判所』日本評論社。

岡口基一（二〇一九）『最高裁に告ぐ』岩波書店。

オプラー、アルフレッド／内藤頼博監訳・納谷廣美ほか訳（一九九〇）『日本占領と法制改革――GHQ担当者の回顧』日本評論社。

全裁判官経歴総覧編集委員会編（二〇一〇）『全裁判官経歴総覧 第五版 期別異動一覧編』公人社。

塚原英治（二〇〇一）「最高裁とは誰か 第八回 次の最高裁判事は誰か」『月刊司法改革』第一九号。

西川伸一（二〇〇九）「最高裁のルーツを探る」『政経論叢』第七八巻第一・二号。

――（二〇一〇）『裁判官幹部人事の研究』五月書房。

――（二〇一二）『最高裁裁判官国民審査の実証的研究』五月書房。

――（二〇一四）「耕論 最高裁の「敬老会」化を見よ」二〇一四年八月一九日付『朝日新聞』。

――（二〇一九a）「望ましい司法制度にむけて～ジェンダー・バランスからみた現代日本の裁判所」『フラタニティ』第一五号。

――（二〇一九b）『政衰記』五月書房新社。

「弁護士山中理司（大阪弁護士会所属）のブログ」（https://yamanaka-bengoshi・jp/）

野村二郎（一九八六）『最高裁全裁判官』三省堂。

藤村修（二〇一四）『民主党を見つめ直す』毎日新聞社。

選挙制度と政権構想

紅林　進

1　議会制民主主義における選挙制度の重要性

議会制民主主義にとっては、その民意を議会に反映する選挙制度は、きわめて重要な要となる。選挙制度はいわば民主主義のインフラであるといってよい。民意を正しく反映しない選挙制度の下では、その実際の支持以上の過大な議席を獲得し、専横的な権力を振るうことにもなる。小選挙区制に支えられた、現在の自民党・公明党連立安倍政権がまさにこれに当たる。

二〇一七年（平成二九年）一〇月二二日に実施された第四八回衆議院議員総選挙を例に見てみよう。自民党は、小選挙区において得票率四七・八二％で、二一八議席、小選挙区における議席占有率でいうと七五・四三％であった（なお比例代表では得票率三三・二八％で、六六議席、比例代表における議席占有率三七・五〇％）。これを見ても、小選挙区における得票率と議席占有率の乖離が、比例代表と比べて実に大きいことがわかる。そして小選挙区制では、少数政党に投票しても、議席につながらないことが多いため、有権者は自分の本当の支持政党ではなく、当選しそうな次善の大政党に投票する傾向が強く、その意味でも大政党に有利となる。有権者総数に対する得票率、それを絶対得票率というが、この衆議院議員総選挙における投票率は五三・六八％であったので、自民党の小選挙区における絶対得票率は、二五・六七％、比例代表におけるそれは、一七・八六％であった。それに対して、自民党の小選挙区、比例代表選出を合わせた議席占有率は六一・〇八％、小選挙区だけをとれば実に七五・四三％にもなる。つまり小選挙区においては有権者総数の四人に一人しか自民党に投票していないにもかかわらず、四分の三の小選挙区議席を獲得したことになる。なお比例代表で自民党に投票したのは有権者の六人に一人に過ぎない。

このように現在の自民一強、安倍一強といわれる政治状況を支えているものは、小選挙区制を中心とした民意を歪める選挙制度のせいといってもよい。このような歪みを正し、民意を忠実に反映する選挙制度、つまり得票率に比例して議席が配分される比例代表制に変える必要があると私は考えるが、ここで、各選挙制度の特徴を概観してみよう。

2　民意を歪め、少数派を切り捨てる小選挙区制の問題点

小選挙区制とは、選挙区ごとに相対的に多数票を獲得した者一名を当選させる選挙制度で、一

名のみが当選する首長選挙や大統領選挙などもこれに当たる。英国の下院、米国の下院、上院など多くの国で採用されており、古い歴史を持つ。

小選挙区制の最大の問題は、多くの「死票」(議席につながらなかった票)を生み、各政党の得票数・得票率と議席数・議席配分の大きな乖離を生み、少数派や少数政党の主張や意見、利害を切り捨てることになり、民意を歪めて議会に反映させるという根本的問題を抱える。価値観の多様化した今日、社会の多様な意見や利害が政治に反映されにくくなる小選挙区制は問題である。先に見たように、小選挙区制は得票率四割で、七割~八割もの議席を獲得するといわれ、衆議院議員選挙で、小選挙区制が導入されて以降、度々、死票が五割を超えている。小選挙区制の特徴や利点として、二大政党化を促し、政局を安定させ、かつ政権交代を可能にする、派閥政治や金権選挙を抑制するといわれたが、有権者の選択肢を狭める二大政党化自体も問題であるが、日本で現出しているのは、与党一強、野党多弱の状態である。

3　大選挙区制、中選挙区制

大選挙区制とは一選挙区当たり複数名を選出する選挙制度である。その内、概ね二名~五名を当選させるものを日本独自の呼称として「中選挙区制」と呼ぶ。日本では、衆議院議員選挙では小選挙区比例代表並立制の導入以前、長い間、中選挙区制が用いられてきた。また一九四七年～一九八〇年まで、参議院議員選挙では、全国一選挙区で個人名で投票する大選挙区制である「全国区選挙」が行われた。

これらの大中選挙区制では、小選挙区制より死票が少なくなり、少数派もそれなりに当選できる。しかし小選挙区制よりも、地域との密着性や有権者と候補者の距離が遠のくこと、選挙区が広範囲にわたるため、多額の選挙費用を必要とすること、同一政党内における同士討ち問題が起きてしまうことなどを生じ、派閥政治や金権腐敗選挙の温床になると批判された。

4　多様な民意を忠実に反映する比例代表制

比例代表制は、政党が候補者のリスト(1)(名簿)を用意し、そのリストに基づいて有権者は投票し、その比例投票の得票率に比例して、各政党の議席配分を決める。そのため、各政党の得票率と獲得議席数の乖離は非常に少なくなり、死票もほとんど生じない。

民意を忠実に反映させるという選挙制度の根本を考えるならば、そして政党政治を基本とする現代の議会制民主主義においては、また価値観の多様化した今日、様々な社会的要求や利害、政治的主張を議会に反映させるためには、比例代表制を基本とするべきである。比例代表制を採用している国では、小党分立する可能性が高く、二大政党にはなりにくいが、多党分立でも連立政権を組めば、多様な意見を尊重しつつ、必ずしも、政治が不安定になるわけではない。価値観や利害の多様化した今日、有権者の選択肢を事実上二者択一の二大政党に限定してしまうことは好ましくないし、現実的でもない。また比例代表制の選挙戦では政党間の政策をめぐる議論が中心となる。

なお有権者は政党名で投票し、各党の得票率に基づき、各党が予め決めた順位に基づいて当選者を決める拘束名簿式と、有権者が政党名でも候補者名でも投票でき、各党とその所属候補の得票を含めた合計得票に基づき、各党の議席配分を決め、その中で誰を当選させるかは、その党の候補者個人名の得票順に当選者を決めてゆく非拘束名簿式があり、前者は衆議院議員選挙における比例選出で採用され、後者は参議院議員選挙における比例選出で採用されている。ただし二〇一九年七月の参議院議員選挙から、自民党の党内的都合により、参議院比例選出の一部に、拘束名簿に当たる、政党が指名できる「特定枠」が設けられたので、現在の参議院議員選挙においては、非拘束名簿式に拘束名簿式が一部加わったものとなっている。

比例代表の地域的な選出単位は全国一本の単位とするものや地域ブロックに分けるものがあるが、衆議院議員比例選挙においては、全国を一一地域の比例ブロックに分けて行われている。参議院議員比例選挙では、全国一本の単位である。なお得票率と獲得議席の比例は全国一本が一番正確に反映し、地域単位を狭めれば狭めるほど、小選挙区制や大中選挙区制に比べればはるかに小さいものの、多少の乖離は生じ、小政党には、やや不利となる(2)。

なお得票率と議席数の比例配分に関しての計算方法に関しては、さまざまな方式があるが、衆議院、参議院ともドント方式(3)という計算方法を採用している。

また過度の小党分立を避けるため、ドイツやスウェーデンなど、比例代表制を採用している多くの国では、「阻止条項」(4)（足切り条項）と呼ばれる、一定の得票率を超えないと議席を与えないという方式を採用しているが、これは得票率と議席配分の乖離をなくし、少数政党や少数派の声も、議会に正当に反映させるという比例代表制の本来の趣旨に反する不当な規定だと私は思う。

なお日本では衆議院、参議院とも、比例代表選挙に候補者を立てるには、この「阻止条項」自体ではないが、事事実上の阻止条項ともいえる様々な規制(5)があり、それをクリアーしないと候補者も出せない。それは小政党や新参政党にとっての実質的な参入障壁となっている。

5　小選挙区制と比例代表制の組み合わせ

A　小選挙区比例代表並立制

小選挙区比例代表並立制は「小選挙区」による選出と「比例代表」による選出が独立して「並立」

している選挙制度であり、衆議院議員選挙における現行の選挙制度。「小選挙区」部分においては、「小選挙区制」の弊害がそのまま現れる。しかも日本では、この間、比例定数が削減されてきて、小選挙区の比重が高められてきた。なお参議院議員選挙に関しては、一人区においては、小選挙区比例代表並立制、複数定員区では、中選挙区制と比例代表制との並立制である。

なお衆議院議員選挙においては、小選挙区と比例代表の重複立候補が認められており、比例は拘束名簿式だが、同一順位にして、小選挙区における惜敗率(6)により、その当選者を決めることが行われており、それにより、小選挙区で落選しても、比例で復活当選することもできる。

B　小選挙区比例代表併用制

ドイツ下院やニュージーランドなどで採用されている選挙制度で、有権者は小選挙区と比例代表の両方に投票するが、各党の議席配分は、基本的には比例代表の得票率で決まる。そして各党の当選者を決める際、小選挙区での当選者から優先的に当選させてゆく。小選挙区での当選者数を超えて、比例での議席配分を受けた場合は、比例名簿の順位順に当選者を補充する。小選挙区での当選者は必ず議席を得るので、比例配分議席を超えて「超過議席」を得ることもある。小選挙区では、大政党が有利なので、その意味では、純粋比例代表制よりは、やや大政党に有利な制度である。しかしドイツでは、二〇一三年の法改正で、これを是正し、本来の比例代表の得票率に基づく議席配分に戻すため、超過議席のない政党には、「調整議席」が追加されることになった。「超過議席」や「調整議席」が生じるため、議員定数は毎回、変動することになる。なおドイツでは小選挙区と比例代表に重複立候補することが多く、小選挙区で落選し、比例で復活当選することも少なくない。ヘルムート・コール元首相やハンス＝ディートリヒ・ゲンシャー元外相も地元の小選挙区では落選を繰り返し、比例区で復活当選していた。

この選挙制度は、比例代表制の要素の強い選挙制度であるが、有権者は小選挙区の身近な候補者を選ぶことができ、また小選挙区においては無所属でも立候補できるため、個人の立候補の権理も奪わない。

C　小選挙区比例代表連用制

小選挙区比例代表併用制の一種といってもよいが、超過議席が生じないように工夫した選挙制度で、並立制か併用制かが議論された際、一九九三年四月に「政治改革推進協議会」（民間政治臨調）が提言した「政治改革に関し第一二六回国会において実現すべき事項に関する提言」(7)など、一部で主張され、政党間でも議論になった。韓国でも、二〇二〇年四月の総選挙で、この制度が部分的に導入されることになった(8)。

6 望ましい選挙制度

私は民意、得票率を忠実に反映するという意味では、純粋比例代表制、それも全国一単位の比例代表制が最も優れていると思う。また各党の候補者の中で、誰を議員にするかについては、党執行部の意向だけで決める拘束名簿式よりも、有権者の意向が反映される非拘束名簿式の方が望ましいと思う。政党が順位付けした名簿に基づいて投票したい人は、それで構わないが、候補者名でも投票できるようにして、少なくともその部分では有権者の意向も反映できるものとすべきと私は思う。また地域との密着性や候補者との距離感を考えると、地域ブロックに分けることにも一理ある。ただしその場合も、地域に分ければ、全国一本よりは、得票率と獲得議席数の乖離が多少生じ、その分、少数政党に不利になるので、スウェーデンで行われているように、その乖離を是正するための、全国単位で得票数を再計算して、それに比例するように調整するための「調整議席」を設けることも必要だと思う。

なお私は、日本の現在の政治状況を考えるならば、いきなり純粋比例代表制に行くのではなく、ドイツで採用されている小選挙区比例代表併用制にまず変えることが現実的なのではないかと考えている。この方式は、各党の議席配分は基本的には比例代表で決められ、その中で誰を議員にするのかに当たって小選挙区での当選者を優先して当選させる方式であり、したがって、日本の現行の小選挙区比例代表並立制とは全く異なって、基本的には比例代表制の一種、変種といってよい。小選挙区という地域との密着性や、小選挙区においては、無所属でも立候補でき、個人の立候補権の保障という意味でも、有効な選挙制度だと思う。そして有権者からすれば、現行の小選挙区比例代表並立制と同じく、小選挙区と比例代表に一票ずつ入れるのであり、その意味では抵抗感もなく受け入れやすい。しかしその本質的意味、政治的意味は大転換である。まずはこの方式に変えることが現実的なのではないかと私は思う。

また日本が衆議院と参議院の二院制を採っていることを考えるならば、衆参両院の議員の選出方法を多少違った方式にして、有権者の違った側面を代表させるのがよいと思う。なお地方議会議員の選挙においても、少なくとも都道府県議会の議員選挙においては、比例代表制ないし、小選挙区比例代表併用制を導入すべきであろう。また都道府県知事選挙などにおいて、フランスで行われているような二回投票制（決選投票制）の導入も検討されてよいと思う(9)。

7　現行公職選挙法の問題点

選挙制度自体の問題のほかにも、現行の公職選挙法には様々な問題がある。

Ａ　過度な選挙運動規制

現行公職選挙法の最大の問題点は、主権者の選挙運動の権理を過度に侵害・規制する選挙運動規制である。選挙運動をする権理は、市民が政治に参加する参政権の重要な柱である。選挙に立候補したとしても、選挙運動を自由に行えず、その主張や政策を有権者に伝えられなければ、当選することができず、また主権者である有権者の方でも、誰に投票したらよいかの情報を得られないことになる。選挙運動は本来、基本的に自由であるべきで、その規制は、買収等の不正行為や公平性を著しく侵害するなどの例外的なことに限るべきである。資金力にものを言わせて、選挙運動を行うことは、経済的公平性の観点から好ましくないし、ある程度の規制は必要であるが、選挙資金についても、その総額規正や企業・団体献金の禁止や個人の献金額の上限規制など基本的なことにとどめるべきであろう。

なお選挙運動を行う権理は、立候補者や候補者陣営の運動員に限らず、誰を支持し、しないという言論活動、訴え、呼びかけは、本来、主権者である有権者の当然の権理である。好ましくない候補者を落とすための落選運動も、主権者である市民の当然の権理である。

具体的な規制の最大の問題点としては、配布物やその枚数、配布場所等の規制が挙げられる。選挙運動は言論活動であり、これは最大限に保障されるべきものであるのに、それを規制するのは本末転倒である。インターネットにおける選挙運動については、ＳＮＳなど一部解禁されたものの、メールについては、投票呼びかけは候補者やその運動員に限られ、それ以外の主権者である一般有権者は自由に発信できない等、重大な問題を残している。

戸別訪問も、候補者や政党の主張や政策を有権者に直に訴えてゆく貴重な場であり、米国など諸外国では自由に行われており、自由化すべきである。

もう一つ現行の公職選挙法の大きな問題としては、実に曖昧な規定が多く、それによって捜査当局による恣意的な解釈・介入の余地が大きいことも問題である。選挙運動規制はできるだけ少なくするとともに、規制を設ける場合でもそれは明確・明瞭に規定すべきであり、捜査当局の恣意的な解釈、介入を許してしまう曖昧な規定は許されない。

Ｂ　立候補権を侵害する世界一高額な選挙供託金制度

現行の公職選挙法では、国政や地方議会の議員（町村議会議員を除く）や地方自治体の首長の選挙に立候補しようとする場合、高額な選挙供託金（例えば衆議院・参議院の選挙区では三百万円、比例区では六百万円）を供託しないと立候補できない。しかも一定の得票をしないと、それは没収されてしまう。(10) この選挙供託金という制度が全くないか、あっても少額な国々が多い中で、日本は世界一高い、異常な高額である。格差社会が広がり、低所得者や貯金のない世帯が拡大する中で、このように高額な選挙供託金制度は、財産や収入によって、実質的に、立候補権を差別・制約・排除するものになっている。そして日本国憲法第四四条但し書の（両議院の議員及びその選挙人の資格は）「財産又は収入によって差別してはならない」とする明文規定にも明らかに反するものである。また憲法第一四条の「法の下の平等」の規定に反するものでもあり、さらに憲法第一五条では、「公務員の選挙について、成年者による普通選挙を保障する」とあるが、「普通選挙」を選挙権のみならず、被選挙権をも含めて考えるならば、高額な選挙供託金は実質上「財産または収入」による制限となり、「普通選挙」ではなく、「制限選挙」になり違憲である。

なお選挙供託金は、「泡沫候補者を防ぐことや売名候補者を排除すること」を名目にして、その必要性を述べられることがあるが、泡沫候補者かどうかは有権者が判断することであって、資力によって判断すべきでないし、制限すべきでない。スイスなど諸外国の一部で行われているように、立候補するにあたって一定数の有権者の署名を必要とする方法もある。

日本において、選挙供託金制度が導入されたのは、一九二五年（大正一四年）の男子普通選挙の法制化とセットであった。それまでの納税額によって選挙権が制限されていた「制限選挙」を撤廃して、平等な「普通選挙」の実現を求める「普選運動」が大正時代に盛り上がり、その力を無視できなくなった時の政府は男子普通選挙を法制化せざるを得なくなったが、この労働者・民衆にまで拡大した選挙権の拡大に怯えた政府は、無産政党の議会進出を阻止するために、高額な選挙供託金制度、戸別訪問の禁止を含む過度な選挙運動規制、そして治安維持法の制定という三点セットで、予防措置を講じた。敗戦により、治安維持法こそ廃止されたものの、過度な選挙運動規制と高額な選挙供託金制度は、今日まで残り、引き継がれ、市民の自由な政治参加を妨げ続けている。

なお供託金を用意できなかったばかりに、二〇一四年一二月に行われた衆議院議員小選挙区選挙に立候補を認められなかった男性を原告とし、宇都宮健児弁護士を弁護団長として「選挙供託金違憲訴訟」が行われているが、東京地裁、東京高裁は、国会の裁量権を理由に、憲法の明文規定にも明らか反する世界一高額な選挙供託金制度を「合憲」とする不当判決を出し、今後さらに最高裁で争われることになる。

8　選挙制度改革へ向けた市民の運動

選挙制度は、各政党の浮沈を左右するものであり、利害が対立する。小選挙区制は大政党に有利であり、少数政党には不利となる。大政党は、与野党を問わず、保守、中道、革新を問わず、自分たちに有利な小選挙区制を好む傾向にある。一方、少数政党は比例代表制でこそ、自分たちの得票に見合った正当な議席を得ることができるため、比例代表制に変えたい、その比率を高めたいと思うが、選挙制度を決定するのは国会であり、その国会の議席の多数を握っているのは、現在の小選挙区制を中心とする選挙制度の下では、与野党を問わず、大政党である。また現職の議員はその制度の下で当選してきている訳であり、自分たちが当選できた、その制度を変えたいとはなかなか思わない。

であるならば、国会議員だけに選挙制度改革を任せておくわけには行かない。有権者、市民の声として、歪んだ選挙制度を糾し、民意が忠実に反映される選挙制度を求めてゆくべきである。政党、議員も有権者は票を握っているのだから、その声を無視することはできない。特に政権与党の専横を批判し、民意を反映する、民主的な政権をめざす、野党共闘の諸政党は、その支持者、市民からの批判、要求に敏感にならざるを得ない。

選挙制度改革に取り組む市民団体としては、「公正・平等な選挙改革にとりくむプロジェクト(11)（とりプロ）」が、「選挙市民審議会(12)」）を組織して、選挙制度改革の対案作りを行ってきたが、二〇一九年一二月に最終答申を出して、「選挙市民審議会」は解散し、今後は、その対案の実現をめざして、議員への働きかけやロービーング、議員連盟の結成などに力を注いでいくことになるとのこと。なおこの「とりプロ」とは別に、私も参加している「変えよう選挙制度の会(13)」では、議員というよりは市民を対象に、選挙制度に関する勉強会を行って、選挙制度改革の必要性を市民レベルで伝える活動を行ってきている。また「変えよう選挙制度の会」代表の田中久雄氏の呼びかけで、同会とは別組織の運動団体として「比例代表制推進フォーラム」[14]が二〇二〇年一月に結成された。小選挙区制に関しては、「小選挙区制廃止をめざす連絡会」[15]がシンポジウムや講演会、ブックレットの編集などを行ってきた。

またそれ以外の個別課題でも、一票格差をなくすための「一人一票実現国民会議」[16]、議員数の男女格差を是正するための「クォータ制」[17]の導入・実現をめざす「クォータ制を推進する会」[18]（Qの会）」、「クォータ制の実現をめざす会」[19]などの市民団体が活動している。これらの選挙制度改革に取り組む諸団体が集まってシンポジウムや展示・説明を行う「選挙マルシェ」というイベントも継続的に開催されている。

9　野党共闘と選挙制度改革

次に野党共闘や「政権構想」との関係で、選挙制度改革の問題を見てみよう。

現在の野党共闘は、小選挙区においては、野党が協力して、候補者を一本化しなければ、与党候補に勝てないということから、強制されている側面も強い。従って各党は小選挙区では候補者を一本化して共闘するが、比例区では各党がそれぞれの主張、政策を競い合うということになる。

ここから野党共闘、市民と野党の共闘を追求する人たちの間から、なかなか選挙制度改革の声は上がりづらい。選挙制度改革よりも、先ずは今の制度の下で選挙に勝ち、政権交代させることが先決だということになる。選挙制度改革の声は無視され、それを声高に叫ぶ者は、野党共闘に水を差すものだと、この問題を扱うこと自体がタブー視されることにもなる。

確かに現実には、現在の制度の下で戦い、選挙に勝利せねばならない。そのためには小選挙区での共闘が中心になることは、確かにそのとおりである。その戦いは大いに進めるべきである。

但し小選挙区における候補者の一本化は、現職の大政党の議員を必ずしも候補者とすることではなく、市民、市民団体を含めた開かれた協議、市民候補を含めた、民主的で開かれた協議の下で統一候補を決めるべきであり、密室における政党間のボス交によって決めてはならない。その原則を守れば、小選挙区における共闘が二大政党化につながるものではなく、各党の主体性を維持した、また市民も発言力、影響力を持つ、民主的な連立政権への道を開くことになる。

野党共闘を進める上で、市民側から、そして少数野党の側から、野党第一党などに遠慮して、この選挙制度改革、選挙制度の民主化の問題を持ち出さないのは誤りである。大政党は、政権を取ってしまえば、自分たちに有利な小選挙区制を維持しようとするだろう。実際、過去に民主党は、比例定数を削り、小選挙区制を強めようとしてきた。そうさせないためにも、政権を取る前の、野党共闘の段階から、この選挙制度改革、それを民意を反映する、より民主的なものにさせるための問題を提起し、特に市民の側から、各政党に求めてゆくことが必要である。また立憲民主党にしろ、国民民主党にしろ、そして両党が再合流したにせよ、自分たちだけでは、共産党など他の野党の協力なしに選挙に勝つことも、政権を取ることもできないのであるから、今はそれら政党の声も聞かざるを得ない立場にある。そういう状況の下で、共闘の前提として、これら選挙制度の改革の問題も提起してゆくべきである。

そのためには、「政権構想」として、この選挙制度改革の問題、つまり民意を正しく反映する選挙制度に変えること、公職選挙法を抜本的に改正すること、選挙運動の不当な過度の規制を廃止し、選挙運動の自由を保障することなどを掲げることが必要である。また野党共闘全体の「政権構想」とは別に、野党共闘に参加する各党も、それぞれ、選挙制度改革に向けた態度、方向性、政策を明らかにすべきである。

参照・引用文献

(1)　世界には、通常の名簿リストによる比例代表制のほかに、単記移譲式比例代表制というものもあり、これは有権者が候補者に順位をつけて投票し、当選ラインに達した候補の余剰な票は、投票者のつけた順位に基づき、順次移譲されてゆくという方式で、この方式はリスト方式よりも古く、イギリスで考案され、J・S・ミルなどが支持し、現在でもイギリスの一部地域やオーストラリアの一部州などで採用されている。

(2)　得票率と議席配分比率の乖離を是正するため、スウェーデンなどでは、県単位のリストで比例投票するものの、各党の得票を全国レベルで再集計し、全国レベルでの得票率に比例した議席を各党が確保できるように調整する「調整議席」というものを設けている。

(3)　ドント方式は、政党名簿式の比例代表選挙において、得票率に応じて、議席を配分するための計算方式であり、ベルギーの数学者、ヴィクトル・ドントが考案し、日本のほか、比例代表制を採用している多くの諸外国でも採用されているが、スウェーデンなどで採用されている、サン＝ラグ方式などよりは、大政党にやや有利な計算方式であるといわれる。

(4)　ドイツ（導入当時は西ドイツ）では、戦前のワイマール期に、比例代表制の下、ナチス党が、小党分立の間から台頭してきた反省に立って、ナチスのような政党を議会に進出させないために、この規制が導入されたといわれることが多いが、同時に、当時は東西冷戦の下、共産主義政党を西ドイツの議会に進出させないという意図もあったと思われる。しかしいずれにせよ、この規制は少数派の民意を切り捨てる非民主的な規制である。

(5)　比例代表選出選挙に立候補する政党・政治団体は以下のいずれかの規定を満たす必要がある。①当該政党・政治団体に所属する衆議院議員・参議院議員が五名以上有すること。②直近に行われた衆議院議員総選挙の小選挙区または比例代表選出議員の選挙、あるいは参議院議員通常選挙における選挙区または比例代表選出議員の選挙で当該政党・政治団体の得票総数が当該選挙の有効投票総数の二％以上であること。③当該政党・政治団体が衆議院総選挙の比例代表選挙に候補者を立てるためには、候補者となる比例名簿登載者の数がその選挙区（ブロック）における議員定数の二割以上であること。④当該政党・政治団体が、参議院通常選挙の比例代表選挙に候補者を立てるためには、当該参議院議員通常選挙において、当該政党・政治団体の候補者が選挙区選挙、比例代表選挙を合わせて、一〇名以上有すること。

(6) 惜敗率とは、小選挙区における各落選者の得票率を当選者の得票率で割ったもの。各落選者の得票数÷当選者の得票数×一〇〇＝惜敗率。

衆議院選挙においては、小選挙区と比例代表に重複立候補ができるため、比例名簿同一順位の候補者は、小選挙区で落選しても、小選挙区における惜敗率により、比例代表で復活当選が可能にもなる。

(7) 衆議院現行の、小選挙区比例代表並立制の場合、比例代表の議席配分に際し、ドント方式で各党の得票数を割り、商の多い順に議席を配分していくが、「民間政治臨調」が提唱した小選挙区比例代表連用制では、小選挙区で獲得した議席数＋一の数で各党の得票数を割り、商の多い順にドント方式で配分する、としている。すなわち、ドント方式の計算式で使用する除数を、÷一、÷二、÷三と、一から始めるところを、連用制では「小選挙区の当選者数＋一」から始める。この方式を用いると、比例代表の得票数により配分されるはずの議席から、小選挙区で獲得した議席が差し引かれるため、得られる選挙結果は、小選挙区も含めた全議席を、純粋に比例代表の得票数に応じて配分する場合と近いものとなる。

この「民間政治臨調」の提言に対しては、自由法曹団が、二票制を採用した連用制では、小選挙区で議席を獲得した政党への比例区の投票価値が大きく割り引かれることになるなど、投票行動の結果や投票意思が恣意的に操作される。無所属候補擁立による「連用制破り」の可能性があると批判した。また、一部連用制を採用した場合、第三党以下の議席拡大の大半を、最初の除数が大きくなる第二党が負担することになり、小選挙区での大敗結果が中和されない。よって、一党優位体制をさらに助長すると指摘した。

(8) 保守系最大野党の自由韓国党を除く与野党が提出した選挙制度改正案が一九一九年一二月に可決され、二〇二〇年四月の国会議員総選挙から「準連動型比例代表制」が導入されることになった。それは、現在の小選挙区二五三議席、比例代表四七議席を維持しながら、比例代表のうち三〇議席について「連動型比例代表制」（連動率五〇％）を導入するもの。三〇議席は各党の小選挙区当選者数と政党得票率に基づいて配分され、残り一七議席はこれまで通り政党得票率に基づいて配分される。「準連動型比例代表制」は、小選挙区の獲得議席数が政党得票率に及ばない場合、比例代表の議席を通じて政党得票率に見合った総議席数を保証するもので、少数政党に有利との見方が多い。このため二〇二〇年の総選挙で国会の勢力図が変化することが予想される。なお選挙権年齢は満一九歳から満一八歳に引き下げられる。

(9) 二回投票制（決選投票制）：日本でも地方首長選挙では一九四六年に法定得票数（有効得票数の八分の三）に満たない場合にこの決選投票が導入された。一九四七年の統一地方選挙では知事選挙で八件、市区町村長選挙で二四二件、一九五一年の統一地方選挙では知事選挙で三件、市区町村長選挙で二四五件、この決選投票が行われた。一九五二年に法定得票数を有効得票数の八分の三から四分の一に引き下げることとともに決選投票制は廃止され、再選挙制へと移行した。

⑽　供託金没収点は、衆議院議員選挙小選挙区の場合、有効投票総数の一〇分の一。参議院議員選挙選挙区の場合、有効投票総数と議員定数の商の八分の一。両院とも、比例区では、かなりの得票をしても一議席も取れない場合、比例区の供託金は一律没収。

⑾　公正・平等な選挙改革にとりくむプロジェクト（とりプロ）：https://toripuro.jimdo.com/

⑿　選挙市民審議会：https://toripuro.jimdo.com/

⒀　変えよう選挙制度の会：http://kaeyo-senkyo.tumblr.com/archive　田中久雄氏が代表。私も会員として活動している。

⒁　比例代表制推進フォーラム：https://www.facebook.com/hireisuisin/?fref=tag　代表世話人は田中久雄氏。私は世話人として活動している。

⒂　小選挙区制廃止をめざす連絡会：小選挙区制反対のシンポジウムを開催し、左記のブックレットを編集した。

『小選挙区制NO！――二大政党制神話の罠』（ブックレット・ロゴス3、ロゴス、二〇〇八年）

ここには、紅林進「上田哲による裁判闘争の記録」が収録。

『議員定数削減NO！――民意圧殺と政治の劣化』（ブックレット・ロゴス5、ロゴス、二〇一一年）

ここには、紅林進「民意を忠実に反映する選挙制度を！」が収録。

⒃　一人一票実現国民会議：https://www.ippyo.org/index.php

⒄　「クォータ制」は、一般的には、政治システムにおける割り当て制度のことをさすが、議員数の男女格差を是正するための「クォータ制」は、女性に議員定数や候補者の一定割合を割り当

てる制度。クォータ制の内、男女の比率を同数とするものを「パリテ」と呼び、フランスでは二〇〇〇年に「候補者男女同数法（通称パリテ法）」が制定された。

(18) クォータ制を推進する会（Qの会）：https://blog.goo.ne.jp/winwin-org/c/cb9396f5f7d0d119dfac98c13bc6351
https://www.facebook.com/quota.japan/

(19) クォータ制の実現をめざす会：http://www1.odn.ne.jp/quota/index.html

政権構想探究グループの呼びかけ
Search Group for Vision of Administration

二〇二〇年七月二一日投開票の参院選挙は、投票率わずか四八・八％で、改憲勢力三分の二をかろうじて阻止したが、与党が過半数を保持した。革新あるいは左派勢力には深刻な反省を迫るものとなった。

私たちを取り巻く情勢は、日本でも世界でも不安定で不安の度を日々高めています。地球環境の劣化が深刻に進み、トランプ大統領の「アメリカ・ファースト」は、世界第二の大国として台頭した中国との対立を深め、世界経済の不安定要因となっています。民族対立や宗教対立をも基礎に、各地で紛争と戦争が激化し、ヨーロッパ全体が難民問題の深刻さに直面しています。入管法の改定により、私たちの課題となることは確実です。

憲法と日米安保体制との二つの法体系を特徴とする戦後日本は、今、人口減少と高齢化が急速に進み、介護が大きな問題となり、農村の過疎化も拡がり、空き家が一四％にもなっています。非正規労働者が就労人口の四〇％に増え、労働法制の改悪によって劣悪な労働条件を強いられ、貧困率が一七％＝子どもの六人に一人が貧困家庭で進学・就職が困難となっています。地域近隣の人との繋がりが希薄となり、引きこもりが一〇〇万人も居る、無縁社会が犯罪の誘因ともなっています。ＡＩなど電子機器の発達は、労働環境を激変させ、人間のコミュニケーションのあり方に変異をもたらしています。

二〇一五年九月に憲法に違反して安保法制が強行採決によって改悪され、自衛隊が強化され社会の軍事化が一層強められました。

日本国憲法には「自由」「平等」は書かれていますが、「友愛」はありません。しかし、自由も平等も、〈友愛〉を基礎にしなければなりません。利潤追求を目的・動力として「資本と賃労働との対立」を経済の基軸とする資本制社会の悪弊・災厄を根本的に変革・突破する道は〈友愛〉を心にする努力によってこそ切り開かれる、と私たちは考えます。〈友愛〉の核心は、現在の自分ではなくて、歴史と社会（他人）を深く理解し、協力しあう志向性にあります。私たちは、現在の自分には大きな欠落があるという自覚から出発します。

壊憲を狙う安倍晋三政権を打倒し、活憲による新しい政権を実現するためには、日本の政治・経済に責任を負う立場に立って考え、行動する必要があります。そのためには〈政権構想〉をしっかりと提示することが肝心です。安保法制を廃止し、〈沖縄差別〉を構造化する〈対米従属〉から脱却しなくてはなりません。合わせて、歪曲民主政をもたらしている選挙制度の改革も喫緊の課題です。脱原発の実現と経済成長至上主義を見直すことも課題です。そして、高い理想を求めるなら、〈閣外協力〉の立場に立つ必要があります。私たちは、搾取と差別の無い、多文化共生の多様性にあふれる社会を望んでいます。世界全体での平和の創造を願っています。

それらの数多くの課題を解決するためにその一助となるための場として「政権構想探究グループ」を創成したいと提案します。以下の仮提案を大筋において了解し、あるいは部分的に共鳴する人は、ぜひ参加しよう。討議を重ね、さらに内容の深化を図りたいと思います。

☆共鳴者を募っています。登録してください。

☆会費は徴収しません。運営はカンパで賄います。

二〇二〇年七月二五日

運営事務局（呼びかけ人）

大内秀明　仙台・羅須地人協会代表　　平岡　厚　元杏林大学准教授

紅林　進（事務局長）フリーライター　　松本直次　ヤマギシ会東京案内所

桜井善行　定時制高校非常勤講師　　平山　昇　仙台・羅須地人協会東京支部代表

佐藤和之　佼成学園高校教師　　村岡　到（代表）季刊『フラタニティ』編集長

中瀬勝義　お江戸舟遊びの会　　吉田万三　元東京都足立区長

西川伸一　明治大学教授

☆カンパ入金先：活憲の会　　郵便振込００１４・９・４２０３４９

革新連合の政権構想の骨子（試案）

- 壊憲ではなく活憲を！
- 世界平和の創造・核兵器禁止条約の批准を
- 対米従属からの脱却（日米地位協定の変更）
- 大企業への民主的規制
- 全国一律最低賃金制
- 沖縄の米軍基地撤去（辺野古新基地建設撤回）
- 自衛隊は専守防衛の厳守を・海外派兵禁止
- 軍事費を削って福祉予算の拡充を
- 脱原発・環境保護
- 地方自治の拡充（民営化阻止）
- 選挙制度民主化（戸別訪問の容認）
- 官僚主導立法の改善（国会の充実）
- 税制度の改革（高所得者・大企業への累進課税）
- 労働法制の改革（労働組合結成の普及）
- 教育制度の改革（旧教育基本法の復活と補充）
- 福祉政策の充実（生活保護基準の改善）
- ジェンダー平等をめざす
- 医療制度の改革（患者優先の医療を）
- 農業政策の充実（所得保障）
- 司法制度の改革（司法の独立の確保）

私たちの独自の主張

- 資本制経済の枠内の改良としての
生存権所得（ＢＩ）の新設
- 日米安保条約廃棄・自衛隊は違憲合法
- 東アジア平和構想の実現
- 文化象徴天皇への変革
- 友愛を心に、資本制経済の超克を核心とする
社会主義を志向
- 日本共産党を批判的に支持する

付　録

閣外協力で政権交代を　　村岡 到

閣外協力で政権交代を

村岡 到（76歳）

山本太郎氏が4月に創成した「れいわ新選組」は政局の台風の目になりつつある。安倍晋三政権に代わる政権を誕生させるために、野党は協力しなくてはならない。山本氏は直ちに消費税について、立憲民主党などとの共闘のために「5％に下げる」でよいと言い出した。

れいわ新選組は選挙では、消費税について、「10％反対」などの主張に対比させて「廃止」を一大争点として主張していた。「5％に下げる」で妥協できるのなら、「廃止」の主張はどうなるのか。これでは「二枚舌」あるいは「言行不一致」となるのではないか。

私は〈閣外協力〉こそが活路だと考える。これならば、「消費税廃止」という当初の方針を貫きながら、同時に新政権の誕生（国会での首班指名選挙で立憲民主党の候補に投票する）に協力することができる。

この〈閣外協力〉は、日本共産党の場合にも有効である。共産党は最近は、自衛隊について「違憲か合憲かは今の問題ではない」とか、「天皇の制度」については不問にするなどとあいまいな態度を打ち出しているが、閣外協力なら、自衛隊＝違憲も象徴天皇制反対も独自に主張しながら、新政権の誕生に協力することができる。なお、新政権の誕生のためには、野党各党は自らの〈政権構想〉を明確に提起して協議することが絶対に必要である。

週刊金曜日　2019.8.30（1246号）

『週刊金曜日』2019年8月30日

あとがき

新型コロナウイルスが、昨年一二月に中国の武漢で発生し、今や一三九カ国以上に広がり、感染者は一五万人を超えた。「人類最大の敵」として社会存立の基礎を脅かしている。三月一一日、世界保健機構（ＷＨＯ）はパンデミック（世界的大流行）を宣言した。アメリカやスペインなど一三カ国で国家非常事態宣言が発せられ、世界経済は二〇〇八年のリーマン・ショック以上の打撃を受けている。日本では安倍晋三政権が鈍感な対応しか出来ず、被害と混乱が拡大し、経済の大幅な後退が危機感を強く予測されている。東京オリンピックは延期が濃厚となった。早期の終息を願うしかないが、この面からも安倍政権の退場が強く求められる。

太平洋の向こうでは、一一月の大統領選挙にむけて民主党の候補をめぐって「民主的社会主義」を主張するサンダースが健闘している。若者の六〇％の支持を得ているのは驚異と言える。「社会主義」が死語に近い日本でもいずれ変化が起きると期待したい。

何よりも〈政権構想〉をめぐって論議が起こることを切望する。感想・批判を寄せてほしい。続編として、教学育問題、税制、社会保障、生存権所得をテーマにして第二弾を考えている。

二〇二〇年三月一五日

村岡　到

編 者

村岡 到 むらおか いたる 1943年生れ 季刊『フラタニティ』編集長

筆 者

孫崎 享 まごさき うける 1943年生れ 元外務省国際情報局局長

西川伸一 にしかわ しんいち 1961年生まれ 明治大学政治経済学部教授

紅林 進 くればやし すすむ 1950年生まれ フリーライター

政権構想の探究 ①

2020年3月21日 初版第1刷発行

編 者 村岡 到
発行人 入村康治
装 幀 入村 環
発行所 ロゴス
〒113-0033 東京都文京区本郷2-6-11
TEL 03-5840-8525 FAX 03-5840-8544
URL http://logos-ui.org
印刷／製本 株式会社 Sun Fuerza

定価はカバーに表示してあります。 ISBN978-4-910172-00-2 C0031

ブックレットロゴス No. 3　小選挙区制廃止をめざす連絡会 編

小選挙区制ＮＯ！——二大政党制神話の罠　110 頁・1000 円+税

阪上順夫　日本の政治を悪くした小選挙区制

平岡　厚　ドイツ型の小選挙区比例代表「併用」制の検討を

村岡　到　政治参加の水路の拡充を

ブックレットロゴス No. 5　小選挙区制廃止をめざす連絡会 編

議員定数削減ＮＯ！——民意圧殺と政治の劣化　108 頁・1000 円+税

日隅一雄　日本の選挙制度は異常だ！

坂本　修　国会改革は比例削減でよいのか

村岡　到　立候補権確立を

紅林　進　民意を忠実に反映する選挙制度を！

ブックレットロゴス No. 14　紅林進 編　92 頁・800 円+税

変えよう！選挙制度——小選挙区制廃止、立候補権。選挙運動権

宇都宮健児　供託金違憲訴訟の意義について

紅林　進　選挙制度と公職選挙法の問題点

田中久雄　比例代表制で日本を素晴らしい国にしよう！

西川伸一　小選挙区制をより民主的にするために

ロゴスの本

西川伸一 著

オーウェル『動物農場』の政治学　四六判 204 頁 1800 円+税

西川伸一 著

覚せい剤取り締まり法の政治学　四六判 236 頁 2200 円+税

紅林　進 編

社会主義って何だ、疑問と討論　Ａ５判 234 頁・1800 円+税

村岡 到 著

文化象徴天皇への変革　四六判 158 頁・1500 円+税

村岡 到 著

共産党、政党助成金を活かし飛躍を　四六判 188 頁・1700 円+税

ブックレットロゴス

ブックレットロゴス No. 1　村岡 到 編
閉塞を破る希望――村岡社会主義論への批評　142 頁・1500 円+税

ブックレットロゴス No. 2　斎藤亘弘 著
原点としての東京大空襲――明日の世代に遺すもの　110 頁・1000 円+税

ブックレットロゴス No. 4　村岡 到 著
閉塞時代に挑む――生存権・憲法・社会主義　111 頁・1000 円+税

ブックレットロゴス No. 6　村岡 到 編　西尾 漠・相沢一正・矢崎栄司
脱原発の思想と活動――原発文化を打破する　108 頁・1000 円+税

ブックレットロゴス No. 7　村岡 到 編 佐久間忠夫 佐藤三郎 斎藤亘弘 朝日健二
青春 70 歳 ACT――若者へのメッセージ　124 頁・1100 円+税

ブックレットロゴス No. 8　村岡 到 編
活憲左派――市民運動・労働組合運動・選挙　124 頁・1100 円+税

ブックレットロゴス No. 9　村岡 到 編　河合弘之・高見圭司・三上治
2014 年 都知事選挙の教訓　124 頁・1100 円+税

ブックレットロゴス No.10　岡田 進 著
ロシアでの討論――ソ連論と未来社会論をめぐって　132 頁・1200 円+税

ブックレットロゴス No.11　望月喜市 著
日ソ平和条約締結への活路――北方領土の解決策　124 頁・1100 円+税

ブックレットロゴス No.12　村岡 到 編　澤藤統郎・西川伸一・鈴木富雄
壊憲か、活憲か　124 頁・1100 円+税

ブックレットロゴス No.13 村岡到 編　大内秀明・久保隆・千石好郎・武田信照
マルクスの業績と限界　124 頁・1000 円+税

ブックレットロゴス No.15 村岡到 編　大内秀明・岡田進・武田信照・村岡到
社会主義像の新探究　106 頁・900 円+税

あなたの本を創りませんか――出版の相談をどうぞ、小社に。